民主連合政府をめざして

——党づくりの志と構え

浜野忠夫
Hamano Tadao

新日本出版社

まえがき

日本共産党が２０１３年にたたかわれた東京都議会議員選挙、参議院選挙で躍進した結果、日本の情勢は「自共対決」時代の本格的な始まりともいうべき新たな時期を迎えました。その情勢の下で、２０１４年1月開催の第26回党大会は、参議院選挙で始まった党の躍進を決して一過性に終わらせることなく、２０１０年代を党躍進の歴史的時代として、「21世紀の早い時期に民主連合政府を樹立」する展望を切り拓く、政治的・組織的方針を明確に示しました。

この第26回党大会の決定を首尾よくやり遂げていくためには、県・地区委員会の指導を改善・強化し指導水準を高めることが決定的カギとなっています。この見地に立って、２０１４年８月に、党大会決定の実践として、党大会前後に新しく県委員長、地区委員長の任務につかれた方々を対象に、「新しい県・地区委員長研修会」を開催しました。

本書は、そこで浜野がおこなった講義を整理しまとめたものです。しかし刊行の準備を進めている最中《さなか》に、安倍自公政権は、暴走政治に対する国民の厳しい批判と世論、運動に追いつめられて、突如国会を解散し総選挙に打って出ました。そのため刊行を延期し、選挙の結果を待って出版することにしました。そのような事情で「研修会」から4カ月が経過してしまいました。12月2日公示、14日投票でたたかわれた衆議院選挙で、日本共産党は、比例代表で得票606万余票、得票率11・37％、20議席を獲得。小選挙区でも704万余票、得票率13・3％を得て、沖縄1区で議席を獲得して、合わせて21議席となりました。衆議院でも参議院に続いて議案提案権を獲得する画期的躍進をとげたのです。衆議院選挙では1996年以来18年ぶりの躍進となりました。

この衆議院選挙での躍進の結果については、講義の必要な個所に、（注）として書き込み、できるだけ反映するようにしています。

参議院選挙に続く衆議院選挙での画期的躍進を受けて、2015年のいっせい地方選挙、2016年の参議院選挙、いつたたかわれるか分からない次期衆議院選挙での、さらなる躍進のために、引き続く奮闘がもとめられます。

とりわけ第26回党大会が決定した〝第3の躍進〟を本格的流れに発展させ、2010年代に「成長・発展目標」を達成し、「21世紀の早い時期に民主連合政府を樹立する」最大の保障となる、質量ともに強大な党を築く――党勢の倍加、世代的継承の二大目標の達成をやり遂げることがいよいよ重要になっています。

この課題達成のための活動と指導に、本書を多少とも参考にしていただければ幸いです。

2014年12月　浜野忠夫

民主連合政府をめざして――党づくりの志と構え

目次

はじめに――研修会の目的

今回の「都道府県・地区委員長研修会」は第26回党大会の決定にもとづき開催されるものです。

第26回党大会は「参議院選挙で始まった〝第3の躍進〟を本格的な流れに発展させ、2010年代に『成長・発展目標』を達成し、『21世紀の早い時期に民主連合政府を樹立する』最大の保障は、質量ともに強大な党を築くことにある」ことを明らかにし、党勢の倍加、世代的継承の二大目標に全党あげて挑戦することを提起しました。そして、この綱領的課題、大事業をやり遂げていくうえで、党機関の指導の改善・強化をはかり、体制の強化をはかることが、決定的カギとなっていることを示しました。

党大会はその立場から、党機関の集団学習、独習がその基礎となること、都道府県・地区（以下、「県・地区」に略）党学校などの確立をはかること、中央としても「地区委員長研修会」を開催するとともに、すすんだ経験に学び、困難の打開の道をともに探求するため、県・地区委員長を対象に、「党機関の指導改革・全国交流会」をおこなうことを決めました。

常任幹部会では、この党大会決定をどのように実行するかを検討し、その手始めとして、第26回党大会前後に新しく、県委員長に選出された13人の方と、地区委員長に選出された56人の方を対象に「新しい県・地区委員長研修会」を開催することにしました。それは、県・地区委員会の機関活動を改善・強化し、指導水準を高めるうえで、県・地区委員長の果たす役割が決定的に重要だからです。

党建設の基本的あり方、「県・地区委員長の任務と役割」の基本は、しょっちゅう変わるものではありません。もちろん党建設の方針は、そのときどきの党の活動の到達点に応じて、具体化し、発展させられるし、実情にあったものに練り上げられます。中央委員会は常にそういう努力をおこなっています。しかし、党綱領と党規約にもとづく党建設の基本的な方向は一貫したものであり、変わるものではありません。この講義の内容も、第26回党大会決定を中心に、第22回党大会で改定された党規約と過去の党大会決定、中央委員会の決定に立ち返りながら、党建設の「そもそも論」を中心にしています。それだけにみなさんも何度となく、読み、討議されたものばかりだと思います。私たちが活動し、指導する導きになるのは、党の決定以外にありません。県・地区委員長としてよりよく活動していくよりどころは党の決定なのです。

この「研修会」でみなさんが、第26回党大会決定と過去の決定を再学習し、党建設に関する党の決定を、系統的に、より深く学び、身につける機会となることを願い、それに少しでも役立つように、私なりに精いっぱい努力してお話ししたいと思います。

なお、「地区委員長研修会」は今回が3回目です。

第1回は、1983年8月にこの伊豆学習会館で、全国の地区委員長と県委員会の三役から1名参加して、6日間かけて開催されました。多くの課目で実施され、その一つとして「地区委員長の任務と役割」について、当時、選挙・自治体局長だった故桑原信夫常任幹部会委員が講義しました。この講義は新日本出版社から『共産党地区委員長のあり方を考える』として出版されています。

第2回は、第25回党大会を受けて、2010年3月、党本部で、全地区委員長が参加して2日間かけて開催され、「地区委員長の任務と役割」について、当時書記局長だった市田忠義副委員長が講義され、『党づくりの苦労と喜び――地区委員長のあり方を考える』と題して新日本出版社から出版されています。

その他には、第24回党大会後に、東京、福岡、大阪などで、私が地区委員長を対象にした「研修会」でおこなった講義をまとめた「地区委員長の任務と役割を考える」があって、『前衛』2006年11月号に掲載されています。

これらのなかで述べられていることは、これから私が講義するものと、内容の基本は変わりないものです。機会があれば、読んでいただければ、より理解が深まるのではないかと思い、参考までに紹介しておきます。

今回の「研修会」は、これまでと違い県委員長も参加され「県・地区委員長研修会」としておこないます。県と地区の任務には、党規約に規定されているように違いがあります。しかし、党機関の責任者、「長」としての任務と役割には、県委員長と地区委員長に基本的な違いはありません。したがって主として地区委員長の任務と役割に焦点をあてながら、お話しするようにしたいと思います。

一　決定的な県・地区委員長の志と構え

1　「わが県、わが地区をこう変える」という大志とロマンをもって

県・地区委員長は、その県、地区（地域）で、日本共産党を代表する党機関の責任者として、県民、地域の住民に責任をもっています。また、党内では党機関の責任者として、党組織と党員に責任をもつ立場にもあります。責任をもっている地域の大きさ、人口の大小、党勢の大きさなどいろいろ違いはありますが、県・地区委員長というのは、それぞれの党組織に全責任をもつ立場にあるのです。昔流にいえば「一国一城の主」です。

県・地区委員会が活動をすすめていくとき、責任者である県・地区委員長の志と構えが決定的意味をもつと思います。私たちは、日々直面する課題を首尾よくやり遂げるために奮闘します。しかし、それだけにとどまることなく、日常のあらゆる活動のなかで、一貫して綱領の実

現、民主連合政府の樹立をめざし、県・地区で県民・住民の多数の支持をえて、政党間の力関係を変え、やがては第一党になることをめざして奮闘することが求められます。このことは日本革命をめざす変革の党の活動のあり方として当然のことです。党組織の責任者である県・地区委員長が、綱領実現という長期の展望に立ち、県・地区党組織が日本革命でどういう役割を果たすのか、そのために、わが県、わが地区をどのように変えていくのか、どんな党の組織に発展させるのかを常に意識して、明確な展望をもたねばなりません。その大志とロマンある目標をもって、さまざまな困難にたじろがずに、積極的な指導姿勢を一貫して堅持するということが、県・地区党組織の発展にとって決定的な意味をもちます。

① 第25回党大会が「成長・発展目標」を提起した意義

県・地区委員長が大志とロマンある目標をもち積極的な指導姿勢を発揮するうえで大事なのは、第25回党大会（２０１０年1月）が、綱領実現をめざし、中期的展望に立って、国政選挙での力関係を抜本的に変える立場から提起した「成長・発展目標」を県・地区に具体化することにあります。それを握って離さず、いついかなる時もその達成のために、目的・意識的に追求することです。

「成長・発展目標」の基本は、第25回党大会決議が示しているように、「国政選挙で、どの都道府県、どの自治体・行政区でも、『10％以上の得票率』を獲得できる党をめざす」ということ、そのさい、「すすんだ都道府県、党組織では20％から30％以上の得票率をめざす」こと、また「早期に5％以下の県をなくす」ことです。そして過去の国政選挙での実績をみると、10％以上の得票率を得た党組織では、どこでもおおよそ有権者比で0・5％以上の党員と「しんぶん赤旗」日刊紙読者、2％以上の日曜版読者をもっているという実態をふまえて、得票率での抜本的な前進のためには、それにふさわしい党員と読者を大幅に拡大する意欲的、計画的な努力と奮闘が必要なことを強調しています。

県・地区・支部・グループにいたるすべての党組織が、「成長・発展目標」を具体化した「総合計画」「政策と計画」をもって活動することが大事です。その意義について、第25回党大会にたいする中央委員会報告で志位委員長は、次のように指摘しました。

ひとつは、「成長・発展目標」は直面する短期目標と民主連合政府樹立という一定の長期的展望にたった目標をつなぐ中期的展望であること、そしてできるだけ早く、どの党組織も「10％以上の得票率」、すすんだ党組織は「20％から30％以上の得票率」を獲得し、現在の政治的力関係を大きく変え、国政で第3党、第2党、第1党という地位を獲得するという大志ある目標を全党が決め、絶えずそれに照らして到達点を自覚し、民主連合政府への道を開こうということに、「成長・発展目標」を提起した意義があると強調しています。

いまひとつは、「成長・発展目標」をもって活動することは、そのときどきの直面する活動をすすめる場合でも、その活動を綱領実現との関係で自覚化し、大志とロマンあるものにすると述べています。

日常のあらゆる活動を民主連合政府の樹立という綱領的展望に位置づけ、目的意識的な活動にするというところに、この「成長・発展目標」を具体化した「総合計画」、「政策と計画」をもった活動ということの意味があります。

第26回党大会は「成長・発展目標」を２０１０年代に達成する立場から、「次期総選挙、および参院選では、『比例を軸に』をつらぬき、『全国は一つ』の立場で奮闘し、比例代表選挙で『６５０万票、得票率10％以上』を目標にたたかう」（『前衛』大会特集号、42ページ）ことを決めました。昨年（２０１３年）の参議院選挙では、得票率９・７％とほぼ10％に到達しましたが、得票は低投票率のもとで５１５万でした。また、党大会では、この結果自身が「実力以上」であり、５１５万という峰が決して既得の陣地でないこと、５１５万を６５０万以上に伸ばすことは、全党の猛奮闘が必要なことを銘記してのぞむ必要があることを強調しています。

同時に、６５０万以上という目標は昨年の参議院選挙で開始された「第３の躍進」を本格的な流れにし、「21世紀の早い時期に民主連合政府を樹立する」展望を開く、大志ある積極的な目標であることも明らかにしています。具体的には、「６５０万票、得票率10％以上」を実現すれば、衆議院選挙ではすべての比例ブロックで議席を獲得・議席増をかちとり、小選挙区でも議席を獲得するという可能性が大きく開けること、参議院選挙でも、昨年の選挙で獲得した比例代表5議席、選挙区3議席に加えて、比例でも、選挙区でも新しい議席を獲得する可能性があるとの展望を示しました（注）。

（注）　２０１４年12月の衆議院選挙では、日本共産党は、比例代表で得票６０６万余、得票率11・37％を得て20議席獲得。比例選挙11ブロックのうち10ブロックで議席獲得、議席増を果たしました。四国ブロックは得票率10％を超える善戦健闘しましたが、残念ながら議席に届きませんでした。小選挙区の得票は全国で７０４万余、得票率13・3％を得て、沖縄１区で議席を獲得しました。比例・小選挙区合わせて改選前の８議席から21議席に大躍進し、参議院とともに議案提案権を得ました。この結果は、党大会が決定した目標を基本的に達成したといえる画期的な躍進でした。

その地方・地域で政党間の力関係を変える目標を明確に

第26回党大会は、この目標を達成する最大の保障となるのが党建設だということで、党建設の目標として、「２０１０年代に党勢の倍加、世代的継承」の二大目標に挑戦することを提起しました。

その点からも、綱領の実現、民主連合政府の樹立をめざして、それぞれの県・地区委員会の「成長・発展目標」にもとづく「総合計画」で、２０１０年代に、政治的力関係、政党の力関係をどこまで変えるのか、第何党になるのかを、具体的に示すことが大事になってきます。

直近の衆・参の選挙での比例と小選挙区、選挙区での各党の得票数と得票率、わが党は第何党だったか、直近の地方選挙での各党の獲得議席数、議席占有率、全県、全地区でみた場合、わが党は第何党か、これから2010年代にたたかわれる衆院選は2回以上、参院選は2回の国政選挙で、どこまで力関係を変え、わが党が第何党をめざすのかということを具体的に示すということです。

その場合も、「650万票、得票率10％以上」に見合う得票目標を実現したら、県・地区でどのような新しい展望が開けるのか、政党間の力関係がどのように変わるのか、得票目標を数字で示すだけでなくて、生きた目標として示していくことが大事です。

昨年（2013年）の参議院選挙での比例票が各都道府県で第何党だったかをみると、一番高い位置にあるのが、京都と東京の第2党です。けれども、県によっては、躍進を開始した参議院選挙の結果なのに第8党とか、6党という位置にあります（注）。これが地区ごとになったら、果たしてどうなっているか、さらに自治体・行政区ごとにみた場合にどうなるのか、そこまで示していくことが大事です。そのさい、10％以上獲得したところ、5％から10％の間のところ、5％以下のところというように、それぞれの自治体・行政区ごとの努力方向を示すことを忘れてはなりません。

（注）　2014年12月の衆議院選挙では、比例代表選挙の得票率では全国で11・37％で

した。10％以上獲得したのは22都道府県となり、5％以下の県はなくなりました。

各都道府県での政党間の力関係は、第2党は京都、高知の2府県。第3党が東京。第4党が北海道、岩手、神奈川、長野、新潟、大阪、滋賀、沖縄の8道府県。第5党が35県。第6党が1県でした。

加えてみるべきことは、地方議会でのわが党の議員数と議席占有率です。県と市区町村の合計でどうなっているか、各都道府県の議員数を党派別にみた場合、わが党は第1党もあれば、第2党もあり、第3党もある。とくに町村では第1党のところが多くあります。県議会、政令市議会、区議会、一般市議会、町村議会でみると、党は第何党になっているのか、議会ごとの政党間の力関係も明らかにして、現状をよりリアルに認識する必要があります。

党大会決定は、「地方選挙の目標としては、現有議席の確実な確保とともに、議席増を重視し、議席数で次期第27回党大会までに、地方議会第1党の奪回をめざす」（『前衛』大会特集号、43～44ページ）ことを提起しました。そのためには、各県でも来年（2015年）のいっせい地方選挙、その前後にたたかわれる中間選挙も含めて、政治目標を各自治体・行政区ごとにきちんともって、攻勢的な立場でいっせい地方選挙をたたかっていくことが求められます。

県・地区の「総合計画」の中身――現実の政党間の力関係が今どうなっていて、それをどこまで変えていくか――を、都道府県委員長や地区委員長の思いだけではなくて、これを全支部、全党員のものにし、その思いが県党組織全体、地区党組織全体の思いになるところまで徹底していく。そして、それが支部の「政策と計画」の中に具体化されていくところまで指導を徹底していくことが、不可欠の課題になっています。

② 県・地区の「総合計画」を握って離さず実現を一貫して追求する

この政治目標を実現するためには、その裏付けとして、どこにどれだけの党員と読者の陣地を建設するのかということを、具体的に決めていくことが必要です。また、決めた以上、県・地区の「総合計画」を握って離さずに、いついかなる時もそれを追求する確固とした立場が必要です。しかし、少なくない県・地区で、せっかく苦労して決めた「総合計画」が、1回か2回の選挙で失敗すると、もうその「総合計画」の実現が難しいということで、棚上げにしてしまい、目先の課題や目標だけに流されてしまう傾向がみられます。選挙で後退したら、後退したところから、どうそこを突破して「総合計画」で決めた方向に向かって前進を勝ち取るのかというところに執念をもち、絶対に棚上げしないということが大事です。

党機関の長が、自ら決めた「総合計画」を実現していくという確固とした指導、執念をもつという指導姿勢の差は、一定期間がたつと、必ず県・地区機関の差となって現われてきます。

第8回党大会（1961年7月）を起点にして、どれくらい党員、日刊紙、日曜版の党勢を伸ばし、あるいは後退させたかを都道府県別に見てみました（巻末資料④を参照）。党員拡大では第8回党大会を基準にすると、現在のところ奈良が全国のトップで、12・83倍にまで党員を増やしています。その一方で、2倍にも到達していない県があります。一定の期間でみると、こういう差になってきます。これは日刊紙でも、日曜版でも、同じことがいえます。奈良は、日刊紙（8・61倍）でも日曜版（18・92倍）でもトップですが、ここには近年の奈良県党組織の奮闘の反映があります。

ところがかつて、伸び率ではずっとトップだったが、最近になって後退してきているという党組織もあります。また、首都圏のように高度成長期に人口が急増したところでは、党勢拡大が人口増に追いつかず有権者比の全国順位を大きく後退させた県もあります。

そういうなかで埼玉は党員、「しんぶん赤旗」読者の拡大で、常に全国のトップを争う拡大の成果をあげ、人口急増のもとでも有権者比の順位は下げずにがんばっています。

このような差は、決して地域的条件などではありません。やはりそこの党組織の党建設への、この間の奮闘がどうだったか、そこを指導している県委員長・地区委員長の「総合計画」や「成長・発展目標」実現への姿勢がどうだったのかの違いにあります。

また、「成長・発展目標」「総合計画」の実現は、支部の「政策と計画」にどれだけ具体化され実践されたかにかかわります。つまり、「総合計画」が支部や党員の思いになるまでよく論議し徹底してこそ、実現する知恵も力も生まれるということです。

同時に、自治体・行政区の補助指導機関の役割発揮も大事です。その役割の一つが、国政選挙と地方選挙の得票数、得票率を補助指導機関が明確に示して、政党間の力関係を明らかにすることにあります。補助指導機関をつくっている市・区・町・村委員会のところで、県・地区の「総合計画」を具体化し、そこに存在している支部が共同して、自治体・行政区ごとの政治目標を実現するためにがんばることが求められています。

③「おくれた党組織」が早く全国水準に追いつき追い越す気概をもって。〝大県〟は政治的に果たすべき責任を自覚してそれにふさわしい奮闘を

第25回党大会の中央委員会報告で、「成長・発展目標」の具体化にあたって、「すすんだ党組織」と「おくれた党組織」では、それぞれの到達点にふさわしい具体化が必要になることを提起しています。このことも非常に大事な点です。

「すすんだ党組織」では、「20％から30％以上の得票率をめざす」ことになりますが、「すすんだ党組織」といっても、党内の比較ですすんでいるということであって、現在の日本の情勢が求める水準、他党の水準にてらすならば、決してすすんでいるとは言えません。現在の情勢のもとでは党に求められる政治任務の水準にてらすならば、党全体が遅れています。だから相対的に「すすんだ党組織」も、自分が例外でないことを自覚することが必要です。得票率で過

去最高だった時期（1998年参議院選挙）の党活動の水準をあらゆる点で上回ることをめざし、「20％から30％以上の得票率をめざす」とりくみに本格的に挑戦する立場で「成長・発展目標」を具体化するよう提起している点をしっかり受け止め、さらなる前進をめざす気概をもった猛奮闘が求められています（この項の〝大県〟任務のところ〈本書、34〜37ページ〉で改めて述べます）。

「おくれた党組織」に求められる気概

「おくれた党組織」――選挙の得票率、党建設の諸指標で全国水準以下の県・地区――に対しても、報告は、早く全国水準に追いつき追い越すように猛奮闘してこそ、全党的に「成長・発展目標」を実現し、「21世紀の早い時期に民主連合政府を樹立する」目標に接近することが可能になると、その奮起をうながしています。全国水準以下の「おくれた党組織」が、「躍進月間」とか選挙闘争などのあらゆる活動にとりくむ場合、全国水準並みの活動に満足するのでなく、常に全国水準以上の活動をめざして猛奮闘してこそ、「すすんだ党組織」に追いつき追い越すことができます。別の言い方をすれば、全国水準並み、あるいはそれ以下の活動にとどまっているようでは、いつまでも「おくれた党組織」から抜け出すことはできません。全党的に「成長・発展目標」を達成し、「21世紀の早い時期に民主連合政府を樹立する」展望を確実に切り拓くためにも、「おくれた党組織」こそ、「すすんだ党組織」を上回る革命的気概を発揮して猛奮闘することを強く求めたいと思います。

「おくれた党組織」というのは決して宿命ではありません。党の歴史には、短期間に「おくれた党組織」から「すすんだ党組織」に前進した経験は数多くあります。ある意味、「おくれた党組織」こそ、発展の可能性と条件をもっていると思います。

その意味からも、「成長・発展目標」を堅持した党活動にかかわって、これまでの党の発展段階をふりかえりながら、今日までどのようにして党をつくってきたのか、歴史的教訓について若干ふれておきます。

党建設・党勢拡大に全党をあげて本格的に踏み出したのは、第7回党大会6中総（1959年8月）がよびかけた党勢倍加運動です。このときは、中央委員会が「党を拡大強化するために全党の同志におくる手紙」を全党に送りました。手紙では「選挙闘争の総括を通じて、さいきんの諸闘争と、党活動について検討した結果、今日、わが党は人民のたたかいのすすむなかで、無視することのできない力となっているが、しかし、人民のたたかいの重大さと、その期待にこたえるには、どうしてももっと党を大きくしなければならないことを痛感した。とりわけ党の組織力、党員の絶対数が少ないということを痛感し、それを決定的に拡大しなければならないことを決意した」とよびかけています。国民の闘争の発展にくらべて党があまりにも小さすぎる、この党を大きくしなければならない、ということで、初めて、「数十万の党を建設」することを提起し、日本の政治に現実的に影響を与えるような党をつくろうではないかと訴えました。

この「手紙」にもとづいた党勢倍加運動のなかで、安保闘争や三池闘争などに積極的にとりくむと同時に、党勢拡大への独自のとりくみが全国的にくりひろげられ、すべての都道府県が党勢の倍加に成功したのです。党員の倍加を一年余でやりとげたわけですが、細胞（現支部）のなかには、数人から一気に三桁の党をつくるという経験をはじめ、20倍、30倍という拡大をした所がつぎつぎと生まれました。こうして、第7回党大会のときは3万数千だった党勢が第8回党大会のときは8万に前進し、今日の党の基礎がつくりあげられました。

この現実政治に影響を与えることのできる党をめざしたとりくみから、革新勢力の高揚期となった1970年代を迎えたときには、民主的政権の樹立をめざして、「おくれた諸県の活動を引きあげる」問題とか、「先進都道府県がさらに前進する」という問題について、第11回党大会10中総（1973年4月）で深く解明しました。そこでは、それぞれの党組織のおかれている現状、位置を全党的立場から明らかにして、その目標を明確にするために、全国の党組織を三つのグループに分けました。

第1のグループは、複数の衆議院議員をもち、党勢においても全国水準の高位にある党組織です。これらの党組織は「先進」にふさわしい責務を自覚して、一段と意欲的な目標と課題をかかげて前進し、当時の党建設の3カ年計画を総達成するために、全党の牽引《けんいん》車としての任務を果たさなければならないと提起しています。

第2のグループは、ひとりの衆議院議員を当選させたか、あるいは次点にとどまったが、得票率で全国水準をこえ、党勢においても全国水準にある党組織。このグループが、早く第1のグループになることを提起しています。

第3のグループは、選挙においても党建設においても、全国水準以下のところで、この第3のグループが早く第2のグループになり、第1のグループになってこそ全国的にわが党が大きな前進を勝ち取り、国政で力をもつことができると提起しています。

この10中総は、1972年12月の総選挙でわが党が大躍進した後に開かれています。革新共同を含めて39議席を衆議院で獲得したわけですが、「躍進してよかった」と安住せずに、選挙の結果から3つのグループに分けて、それぞれの党組織が「もう一ランク上をめざそう」ということを提起したわけです。

具体的には、一日も早く全国すべての都道府県が国会議員をもてる党になっていくためには、当時、国政選挙で5％以下の得票率にとどまっている組織、党員の人口比で0・2％以下の組織、日曜版の有権者比では2％以下のところ、党組織空白市町村が25％以上ある組織、党議員がいない自治体が50％以上あるところを「底上げ県」と位置づけました。そしてこれらの党組織が、一日も早くその水準から脱却して全国水準の党組織に追いつき追い越すことで、各都道府県の党組織の力量アップするよう提起しました。

同時に、10中総決議では、「おくれた党組織」の根本的な問題点として、「おくれを生みだしている原因は、けっして地域的条件のみでなく、機関の姿勢、とくに指導の問題が主要なものである」と指摘し、「困難な条件のなかで、長いあいだ党活動、党建設をすすめてきた幹部と活動家の奮闘を正しく評価しつつ、しかも全党的な観点から、今日のおくれを短時日のうちに改善するため、とくに指導機関の強化、人事と経験の交流、党中央とすすんだ大きな県、地区党組織からの援助など、必要な諸措置をあらたな規模でいっそう強化する必要がある」と述べました。おくれは決して地域的条件だけではなく、主として指導の問題だということを強調したのです。

また、76年12月の総選挙で19議席に後退し、77年7月の参院選でも後退した後に開かれた第14回党大会5中総（1978年9月）は、どうして前進を勝ち取るかということで、いろんな問題を決定した中央委員会総会でした。このなかで、とくに第11回党大会10中総からの実践を総括して、もう一度各県の到達点を分析し、「おくれた党組織」の「底上げ」基準を示しました。このときは、党員拡大が前進して多くの県が人口比0・2％を超えたこともあって、その基準を人口比0・25％以下と0・05％アップして、それ以下のところは早く0・25％以上を超えようと提起したのです（党員以外の指標は、第11回党大会10中総の基準のまま）。そこで示された「おくれた党組織」が早く先進に追いつき、追い越すための具体的な課題を5つあげました。

第1に、情勢について政治的に敏感に対応して、衆知を集めて政策的な指導性を確立して、系統的に政治の風を吹かせることに特別に力をそそぐ。第2に、必要な国民運動にとりくんで、運動組織をつくり、空白地域や職場に党員を拡大していく。第3に、全県的に影響力をもち、住民と結びつきが強い労働組合、たとえば、教員、自治体、農協などや、広い通勤圏をもつ大企業の労働組合を重視していく。それから一番若者が集中している中心的な大学に党をつくるなど、全県に党の影響力を広げていく。第4に、中間選挙をはじめ、一つひとつの選挙で絶対に勝利するために特別の努力をする。第5に、学習教育活動を旺盛にとりくみ、幹部養成を特別に重視すること——以上の5点を大事な課題としてあげています。これは、いまも共通する問題です。

この第11回党大会10中総と第14回党大会5中総を通じて、70年代は党勢が大きく伸びました。なにが原動力になっていたかといえば、各県党組織が、「大県の果たす役割」「おくれた県の果たす役割」を自覚して、一日も早く国会議員をもつような県になりたい（このときは中選挙区制の時代）との思いで、国政でわが党がしかるべき位置を占めて、現実政治に大きな役割を果たせる党に、そういう力をもった党になろうと全党が必死の思いで頑張っていたということです。

72年の総選挙のときは、「おくれた党組織」が党員や読者を大きく伸ばして、国会議席を獲得しています。秋田、宮城、静岡、滋賀などです。私は当時、滋賀で活動していて、早く国会議員をもつ党になりたいとの思いをつよくもっていました。それは、おとなりの京都は1区も2区も議席をもっていて、72年の総選挙のときは1区は定数5人でしたがここで2議席をとる力があったからです。東海道線で来ると、京都と滋賀のあいだに逢坂山というトンネルがあるのですが、よく滋賀県民の方から、〝トンネルをくぐるだけで、なぜ滋賀の共産党はだらしないんだ〟と話題にされるくらい、京都と比較されていました。

ですから、国会議員をなんとしても早くとの思いは、県委員会だけでなく、地区でも細胞（現支部）でも、一人ひとりの党員まで、みんなの思いになっていました。国会議員をもつためには、党をもっともっと大きくするしかないということで、必死に頑張って、72年に念願を果たしました。滋賀県は、戦後では3回目になる49年総選挙で国会議員をもったことがあります。その後、「五〇年問題」で党組織が壊滅的打撃をうけて、52年の総選挙で議席を失いましたが、先ほど述べた第7回党大会6中総の党勢倍加運動を出発にして、その後党を大きくし、72年総選挙で20年ぶりに再度国会議席をもつことになりました。こういう努力は、秋田、宮城、静岡にしても、どこの県でも同じ思いで、国会議席を獲得するためには党をつよく大きくする以外にないと必死に奮闘しました。

しかし、国政選挙にたいする構えや執念ということでは、小選挙区制が導入されてからは、衆議院選挙の回を重ねるごとにとりくみが弱まり、残念ながら国政選挙に弱い党になってきています。この点については、第22回党大会10中総（２００３年12月）で不破哲三議長（当時）が、小選挙区・比例代表並立制のもとでの3回の総選挙をふまえて、問題点を解明し、選挙戦と党活動を抜本的に立て直す必要があるとの提起をしました。

中選挙区時代は、総選挙で議席を一日も早く勝ち取るということを軸にして、党の活動全体が意欲的に組み立てられ、回転していました。総選挙のほかに参議院選挙、いっせい地方選挙、中間選挙などさまざまな選挙があるもとでも、それらの選挙戦全体の中心に、いつも総選挙がすわっていたのです。それが、小選挙区・比例代表並立制がとり入れられてから、小選挙区というのは1人区ですから、ここで議席を争うとなれば相当の力をもたないと議席が争えません。一番躍進した96年の総選挙（選挙制度が変わった最初のたたかい）で京都3区と高知1区の二つの小選挙区で議席を取りましたが、小選挙区での議席の獲得はなかなか難しい課題でした。ですから、比例代表選挙と小選挙区選挙の二つのたたかいで、主戦場は政党を選ぶ比例代表選挙であり、「比例を軸に」ということをくり返しくり返し強調してきているわけです。

それでもなかなか中選挙区時代のように、総選挙が党活動の軸にすわらないという状況が残されています。中選挙区時代は、どこでも地方選挙の得票より総選挙の得票が圧倒的に多いというのが当たり前でした。地方の党組織によっては、それがいま逆転して、地方選挙の得票をだせば比例の得票目標を上回ることができるのに、毎回の選挙でそれができずに推移しているところが少なからず見られます。〝国政選挙が、党活動のなかで薄くなってきている〟という現状を直視し、この状態を正面から打開することが求められています。

そのためにも、中選挙区時代にわれわれが燃えたような意欲を、いまの比例代表選挙で得票を伸ばすことによって議席を増やすということに執念をもつこと、同時に、「成長・発展目標」にもとづいて、２０１０年代を「すすんだ党組織は20％、30％を獲得し、現在の政治的力関係を大きく変え、国政で第3党、第2党、第1党という地位を獲得することがどうしても必要になります」との提起を党機関が正面からうけとめて、党勢倍加と一体で小選挙区でも議席が勝ち取れる力をつけるために、まさに大志とロマンをもって指導と活動にあたることが大事です（注）。

（注）２０１４年12月の衆議院選挙では、比例代表選挙で20議席を獲得する大躍進を勝ち取りましたが、小選挙区でも沖縄1区で赤嶺政賢氏が当選しました。これは、１９９６年の衆議院選挙で、京都３区で寺前巌氏、高知1区で山原健二郎氏が小選挙区で当選して以来18年ぶりの小選挙区での議席獲得です。全国の小選挙区の得票は７０４万票を超え、得票率13・３％でしたが、１９６の小選挙区で得票率10％を超え、そのなかには40％以上が２小選挙区、30％台が３小選挙区、20％台が35小選挙区ありました。

この結果から見ても、政党を選ぶ比例代表選挙を軸にしたとりくみをいっそう強めてさらなる躍進を勝ちとるとともに、小選挙区でも議席の獲得をめざし積極・果敢に意欲的に挑戦することが求められています。

「21世紀の早い時期に民主連合政府を樹立する」ことを展望し、比例代表選挙でのさらなる躍進とともに、小選挙区でも議席を獲得できる党への前進をめざすことがいよいよ大事になっています。

〝大県〟の果たすべき責任

同時に第14回党大会5中総では、〝大県〟の任務ということが強調されました。当時の宮本顕治委員長が、5中総の結語のなかで、〝大県〟といえども指標によっては、全国平均以下とか、おくれた指標もあると指摘したうえで、相対的には〝大県〟が「すすんだ党組織」としての位置にあるけれども、それはあくまで党内の相対的な順位であって、わが党が国政で本当に力をもち前進していくためには、〝大県〟といわれる党組織が政党間の力関係でおくれた位置にあることを絶対に忘れてはならないこと、〝大県〟こそが政党間の力関係を変えて第1党、第2党になっていく、そういう政治任務を果たしていく役割と責任があることを「一瞬も忘れてはいけない」と強調しています。

〝大県〟の問題について、さらに触れておきたいと思います。私たちは党員1万人以上の都道府県党組織を〝大県〟として位置付けてきました。そしてかつては、早く〝大県〟の仲間入りをしようと競い合ったものです。現在は次の11都道府県——東京、大阪、京都、北海道、神奈川、埼玉、愛知、兵庫、福岡、千葉、長野——を〝大県〟として扱っています。長野は残念ながらいまは1万人を下回っていますが、その他のあらゆる指標で高い水準にありますので、そのまま〝大県〟として位置づけています。

この11都道府県が全国に占める比重を現時点でみると、有権者数で55・1％と過半数を超えており、昨年（2013年）の参議院選挙での比例票は66％（2014年12月の総選挙の比例得票では64・7％）、党員数では62％、日刊紙読者数で67・5％、日曜版読者数で59・5％と、全党の中で、あらゆる点でかなりの比重を占めています。

しかし、〝大県〟の11都道府県委員会を、選挙の得票率や党建設の諸指標でみると、必ずしも「すすんだ党組織」とはいえません。国政選挙での得票率でみても、また党建設の指標でみても全国水準以下のところが少なくないのです。なかには全国で三十何位という、むしろ「おくれた党組織」のところもあります。しかもこれらの都道府県委員会の党建設の諸指標の全国順位が相対的に低下傾向にあることも心配なことです。

わが党が民主連合政府の樹立に向かって前進しようとする場合、この11の都道府県が、選挙戦でも、党建設でもどれだけ奮闘するかにかかっているといっても言い過ぎではないと思います。決定的役割と責任を担っているのです。そのことから考えても、〝大県〟といわれる11都道府県委員会は、全国水準からおくれている課題を一刻も早く全国水準を上まわるように特別の努力を尽くすことが大事です。11都道府県の党組織がすべての課題で先進的役割を果たすようになってこそ、わが党の前進が保障されることになります。

当面するいっせい地方選挙や国政選挙で党がどれだけ前進できるかを考えても、11〝大県〟

がどれだけ前進するかに大きな比重がかかっています。11の都道府県委員会と当該の地区委員会の党組織と、その責任者である委員長のみなさんが、党の〝第3の躍進〟を本格的流れにするうえで、その果たすべき役割は決定的であり、その責任の重大さを自覚して奮闘されることを強く望みたいと思います（注）。

（注）２０１４年12月の衆議院選挙では、先にも述べましたように、第26回党大会が決めた目標を基本的に達成することができました。

２０１３年7月の参議院選挙後、9月から２０１４年1月までの「第26回党大会成功・党勢拡大大運動」、第26回党大会後の、２０１４年5月15日から7月末までの「党創立92周年・いっせい地方選挙勝利めざす躍進月間」を中心にした努力で、参議院選挙後に1万５０００人を超える新しい党員を迎えたことが、衆議院選挙での躍進の大きな力になりました。

しかし党建設の課題はまだ道半ばであり、党の自力は衆議院選挙での躍進に追いついていないのが率直な状況です。参議院選挙、衆議院選挙で開始された党躍進の流れを、本格的な流れに発展させ、２０１０年代を党躍進の時代とするためには、質量ともに強大な党建設に、いっそう本格的な力を尽くすことがますます必要になっています。

衆議院選挙での日本共産党の躍進は、日本共産党に投票した人はもちろん、党に投票しなかった人をも含めて、かつてなく広い国民の間に、日本共産党への期待と注目、接近がつくりだされています。いままさに、党員と「しんぶん赤旗」読者を拡大する条件が大きく広がっています。第26回党大会が提起した、「党勢倍加、世代的継承」の党建設の2大目標を、この絶好の条件を生かして必ずやり抜くことが大事だと思います。

④　当面するいっせい地方選挙で情勢にふさわしく攻勢的な目標を

第26回党大会は、来年（2015年）4月にたたかわれるいっせい地方選挙を、国政で重大な異変が起きない限り、私たちが直面するもっとも早い全国的政治戦になると位置づけ、安倍政権の暴走に国民的審判を下す機会となること（**注**）、わが党にとっては、〝第3の躍進〟を本格的流れにするうえで重大な関門になることをあきらかにしています。

（**注**）　安倍自公政権の、集団的自衛権の行使容認の閣議決定、消費税増税の強行、原発再稼働の推進、沖縄の新基地建設、政治とカネの問題など、暴走政治に対する、国民の世論と運動に追いつめられ、党略的意図で解散総選挙に突如打って出たために、いっせい地方選挙より先に、総選挙が安倍暴走政治に審判をくだす機会となりました。

いっせい地方選挙での目標として、現有議席の確実な確保とともに議席増を重視し、議席数で第27回党大会までに、地方議会第1党をめざすこと、議席占有率、議案提案権、空白克服の三つの目標での前進をめざして、適切な議席獲得目標と積極的な得票目標をかかげて奮闘することを決めました。とくに、7つの県議空白の克服、県議空白となっている政令指定都市（全国の政令20市中13市）での県議獲得、政令市での市議空白区の克服、前回議席を後退させたところの失地回復をとりわけ重視するよう具体的目標を提起しています。

各都道府県委員会、地区委員会では、この第26回党大会の提起を具体化し、自分たちの「成長・発展目標」「総合計画」に結実させています。この目標をやり遂げるために各委員会は「躍進月間」にもとりくみ、現在も幹部会の決議（8月3日）にもとづき、いっせい地方選挙の勝利をめざした活動が強められています。２０１０年代に「成長・発展目標」を実現する重要な一歩として、必ず掲げた目標を達成し、勝利しなければならないと思います（**注**）。

（**注**）　総選挙での躍進の結果とかかわって、県議選について1点述べておきたいことがあります。それは総選挙での躍進の結果をよく分析することです。そして県議選の政治目標と立候補計画を再検討し、積極的で意欲的な目標と計画を立てることです。絶対議席を獲得する重点区は明確にし、そこには力の集中など必要な手立てをとりきることは当然で、おろそかにしないことが大事です。同時に、こういう情勢のもとでは、2人区、3人区でも積極的に候補者をたて、全県で勢いのある政治戦にしてこそ、重

点区のたたかいも有利になるし、また思いがけないところで議席を獲得するチャンスも生まれます。こういう情勢にあるとき候補者を立てないで選挙戦を放棄することがあれば、有権者の失望を買うことになります。これは総選挙戦での大事な教訓でもあります。

かつて比例代表選挙が初めて導入されたとき（83年6月の参議院選挙）に、その前段でたたかわれたいっせい地方選挙では、参院選での比例票を獲得するために、多数者革命の原点にたって、県議選で全区立候補に挑戦したことがあります。開拓者精神を発揮したこのたたかいは、文字通り全選挙区に候補者を擁立した県党組織がかなり生まれ、日本列島のすみずみまで日本共産党の訴えが肉声で有権者に届けられ、こうした党全体の盛り上がりによって、参議院選挙の比例で議席を増やすことに結びつきました。このときの候補者基準は、「挨拶ができれば候補者だ」というものでした。もちろん品性の問題は重視しましたが、能力は開発して伸ばしていくものですから、立候補が決意できれば援助して、演説の回数をこなしていくなかで立派に訴えができるように成長していきます。その後、ほとんどの同志が地方議員になったり党機関の幹部になっておられます。前半戦の道府県議選は、積極的に候補者をたてたたかう構えをしっかりもつことが重要ですが、後半戦の市・区・町村選では一つの選挙区に2人、3人と多数の立候補になります。それだけに選挙戦の複雑さが生まれます。ですから、ここではやはり大会決定が提起している方向――現有議席を絶対に確保する、前回議席を失ったところは失地回復する、空白を克服する、可能性があるところは議席増に挑戦するの立場で、一つひとつの選挙区の条件に応じてよく検討していただきたいと思います。

2 革命的気概と指導性の発揮

① 革命的気概・困難に負けない不屈性・開拓者精神の発揮

県・地区委員長には、常に革命的気概・困難に負けない不屈性・開拓者精神に立った指導性の発揮がもとめられます。

私たちの活動は前進するときもありますが、後退を余儀なくされるときもあります。むしろ順調に進んだというときはそんなに多くはありませんでした。私は党の専従になって66年になりますが、ふりかえってみて順調にすすんだ時期よりは、支配階級の攻撃や反撃によって、困難や障害にぶつかり、苦闘の連続ということの方が多かったというのが実感です。それだけにこれが、階級闘争の常だと腹をくくって活動をしてきました。

そのような時に、党組織の責任者である県・地区委員長が、困難にたじろがず、革命的気概と不屈性をもって確固とした指導性を発揮してこそ、党組織を団結させ、困難を突破して前進を切り拓くことができます。この時に、県・地区委員長が困難にたじろぎ確信を失い、動揺して確固とした指導性が発揮できないとしたら、その県・地区党組織は前進できないばかりか後退することはまぬがれません。

この点について、過去の決定からいくつかを紹介します。

１９８２年４月の全国都道府県・地区委員長会議で、当時書記局長だった不破哲三さんは、「党機関の責任者の気概と姿勢が党活動の全局を左右する」と結語のなかで次のように述べています。

「党機関の責任者の党の諸任務にとりくむ気概と姿勢が、文字どおり全党を左右するという問題であります。党が歴史的な意義のある大きな課題にとりくもうというとき、あるいは、党の全力をつくして前進方向をきりひらくべきそういう情勢に直面したとき、勇気と確信をもってそれにたちむかえるかどうか、これはまさに革命家の資質の試金石ともいうべき点であります。そういうときに、困難にひるんだり、あるいは情勢の不利な面だけにとらわれて敗北的傾向に流されたり、その地区や県をひきいる責任者として党の先頭にたって党を勇気づける気概をもてなかったり、そういうことでは、革命党のそれぞれの分野の責任者としての任務を果たすことができないことは明瞭《めいりょう》であります。また、全党的に重要な意味をもつ決定がくだされたときに、その決定にたいしてこれをかならず遂行する気概をもってとりくむ、この姿勢がなければ、その党機関の指導下にある党組織や党員の全体を本気でこの任務にたちあがらせることができないことも明白であります。

こういう点では、党機関の責任者の気概と姿勢が党活動の全局を左右することを、全国のすべての都道府県とすべての地区の責任者の同志が集まっているこの機会にとくに強調したいと思うわけであります」

第23回党大会2中総（2004年8月）で、当時議長だった不破さんが、支配勢力に負けない階級的気概について、〝どんな分野の活動も日常の実務仕事にしない〟、というところでも、こう発言しています。

「私たちは、党活動のなかで、さまざまな分野でさまざまな問題にぶつかりますが、日常的には、あまりその位置づけをよく考えないで、日常の仕事として、実務的に扱う傾向におちいりがちです。しかし、相手の方は、共産党にかかわる問題は、彼らなりに階級闘争の問題としてとらえ、きわめて自覚的にかかってきます。自分たちの支配体制をいつまでも続ける、この根本利害がかかっているわけですから、共産党をなくすことに役立つのだったら、利潤第一主義が建前であっても、そこにはいくらお金を使っても惜しくないのです。ここに彼らの階級的気概があります。

私たちが、階級的気概の点で、支配勢力に負けるようなことがあってはなりません。そのためには、どんな分野の活動も、絶対にたんなる実務としては扱わない、日常の行政仕事としてすまさない、たたかいの場の問題として、それにふさわしいやり方で本気で取り組む必要があります」

このように強調している点も同じ問題です。

それから、時はさかのぼりますが、１９７９年11月の全国都道府県・地区委員長会議では、当時の宮本委員長が、困難を正面から突破する革命的な闘争力を強調しました。

「日本共産党の立場、革命運動の立場というものは、その困難を正面から突破する。そういう気概、革命的な闘争力、これが絶対に必要なのであって、共産党の指導者の重要な資格は、これは中央も県委員会・地区委員会もそうでありますが、いろんなそういう困難にたいしてたじろがないで、勇猛心をもってたち向かう、強気で正面からみすえる――この気迫が必要であります。県委員長・地区委員長を先頭として、そういう気迫で満ち満ちておれば、私は、全党員をかならず動かすことができると確信します。

それというのもわれわれのこの展望というのは、日本の歴史の発展に、法則的にあっている方向だからです」

ここでいわれているような党機関の長の立場とは、日本共産党が、さまざまな課題にとりくみ、前進させる場合に、絶対にかかせない問題であること、ここがなければ、前進はかちとれないということを、くり返し強調している点を、県・地区委員長のみなさんに、ぜひ、みずからの問題としてとらえていただきたいと思います。

その拠りどころは綱領路線への確信

革命的気概、不屈性、開拓者精神の拠りどころは、綱領路線に確固とした確信をもつことです。わが党の綱領は日本の前途を長期の展望をもって照らしだす科学的羅針盤であり、社会主義・共産主義の社会をめざす日本共産党の旗印です。党綱領を学ぶ意義について、志位和夫委員長は第24回党大会（２００６年1月）への報告で「政治の表面だけみれば、複雑な逆流もおこれば、困難な事態もおこります。しかし綱領の立場で、日本の情勢を根底からつかみ、世界の流れの中でつかむならば、揺るがない未来への展望と確信をえることができます」「綱領学習は、党員が、不屈性と先見性を発揮して活動する最大の土台となるものであります」（『前衛』大会特集号、93ページ）とのべています。その意味からも県・地区委員長が率先して綱領を繰り返し学び、綱領路線にしっかりした確信をもち、そこを拠りどころにして、気概をもって指導性を発揮することが求められるのです。

②　党の政治的・理論的到達点を身につける日常的努力

党の政治的・理論的到達点を身につける努力を日常的に強めることも大事です。

党大会決定や中央委員会決定、あるいは必要に応じて発表される政策や論文などでは、情勢に即して、綱領路線を具体化・発展させる努力がされています。それだけでなく、党中央は、その基本となる科学的社会主義の理論活動にも系統的にとりくんでいます。その到達点は実に豊かなものです。最近でも不破さんが、理論活動の後継者を養成するために「理論活動教室」を開き（２０１４年４月から開講。現在も継続中）、そこでいろんな理論活動が展開されていますけれども、その中身は国際的に見ても非常にすぐれた内容です。

そうしたわが党の政治的・理論的到達点を身につける努力を怠りなくおこなうことは、県・地区委員長としての指導性を発揮するうえで欠かせないことです。したがって、県・地区委員長は忙しい立場にありますが、だからと言って、学習をおろそかにしてしまえば指導力を弱めることになりかねません。「暇なときに学習する」という考えでは学習はできません。忙しい中でも、一定、適切な時間をとって学習する。それが、県・地区委員長としての指導的役割を果たしていくうえで、欠くことのできないことであり、「学習は活動上の義務」という位置づけでとりくむべきだと思います。

また、絶えず最新の大会決定に立ち返る努力も大切です。一度読了した、一度討議したらそれで終わりとしないで、実践したら決定に立ち返り検証し、総括して、決定の実践にあたるという態度を堅持することです。現在でいえば第26回党大会決定のパンフ、あるいは『前衛』特集号を、県・地区機関の会議に出席するときにも、支部会議に出かけるときにも、いつも持参し、討議中でも大会決定に立ち返るということを指導の作風にすることです。

いまひとつは、県・地区委員長は、現在の大会決定にとどまらず、過去の党の決定にも必要に応じて立ち返ることが大事だということです。党大会決定でも中央委員会の決定でも、常に全党の実践を踏まえて、綱領の立場で練り上げる努力がされています。同時に、それらの決定は全党の実践にもとづいて積み重ねられ、蓄積され、発展させられてきた過去の決定をもふまえてつくられています。その蓄積があって、新しい決定は現在の情勢と党活動の到達点に適応させ、生かす立場で豊かに発展させられています。

後でも触れる問題ですが、第26回党大会決定そのものは、この党大会の決定だけで成り立っているわけではありません。第26回党大会決定のなかでも強調されていますが、党建設の基本方向は、第22回党大会での党規約改定以後の党大会や中央委員会総会で、練り上げ、作り上げられてきたものであるということを、わざわざことわって、それらを前提にして、いま何が大事かということを提起しているわけです。また、この講義のなかでも、過去の決定をいろいろ引用していますが、過去の決定のなかには、今日の活動のなかでも生かすべき普遍性のある豊富な内容がいろいろあるということです。現在の決定をより深く理解し、首尾よく実践し指導していくうえでも、過去の諸決定に立ち返ることが重要だと思います。

③　正しい指導態度を身につける

指導とは命令でなく、納得をえるもの

正しい指導態度を身につけることも、県・地区委員長として大切な問題です。「指導とは何か」という問題について、第11回党大会（1970年7月）への宮本顕治書記長（当時）の中央委員会報告で、「正しい指導とは、命令ではなくして道理に立ち、実情にあったもので、すべての党員を納得させうるものでなくてはなりません。こうした納得をかちうることなしには、全党が自覚的規律によって結ばれるという保障はでてきません」と、指導とは納得だということを明らかにしました。20年後の1990年7月に開かれた第19回党大会決議では、再びこの問題を取りあげて、「ここには、党指導の原点がしめされている」として、次のように強調しています。

「わが党は、ほんらい、政治的自覚にもえて、党と革命の事業に自発的に参加した党員からなる組織であり、命令で結ばれた軍隊や行政組織ではない。この組織の力は、同志たちが、情勢の特質や提起された課題の重要性、そして実情にあった活動のやり方などを道理をもってつかみ、みずからの政治的理論的な確信にしたときにこそ、もっとも力づよく発揮される

ものである。

そういう指導をすすめるためには、党の指導機関が、従来とかくありがちだった事務的・行政的指導に甘んじる態度を、きびしくしりぞける必要がある」（『前衛』大会特集号、115ページ）

また、この決議は、このような指導を保障していくためには、なによりも党機関と指導的幹部自身の日常不断の学習によって、その政治的理論的な水準の向上をはかり、政治と理論の力で全党を立ち上がらせていく、その時々の全党的な重要課題への積極的なとりくみを組織する指導力が発揮できるようにする、ということを強調しています。同時に、支部とよく結びつき、職場、地域、学園などの支部のおかれている実情をよくつかみ、それに応じて支部の日常活動を援助し、党員からの疑問にもよく耳を傾け、問題を解決する力量を強めることも大事なこととして、強調しています。

さらに、原則的な指導の保障のためには、政治ぬきの行政的指導を排していくことも提起しています。とくに、上級の機関の各専門部から電話であれこれの課題がバラバラに提起され、下級の機関や支部がふりまわされるといったやりかたは、行政的指導の典型だと指摘しています。党中央は、そうした間違った専門部指導にならないよう各部門を戒めるとともに、課題を調整して統一的な指導をおこなうよう努力し、このような気風を広く指導機関のものにするために努めていくことも提起しています。

これらの問題は、すぐれて今日的な課題です。第25回党大会2中総（2010年9月）で指導改革・改善について中央自身が反省したように、党中央から改善の努力を払うことはもちろんですが、都道府県委員会・地区委員会もここでいわれている立場をふまえて、日常的に支部や党員を援助し指導していただきたいと思います。

この「指導とは何か」についての決定は、現在も堅持しなければならない「党指導の原点」と言えます。同時に、気をつける必要があるのは、納得していないから決定を実行しないという人がときたまいます。このような場合でも、党規約にもとづいて、異論は保留して、集団で決定したことは実行するということが、共産党員として求められるし、とくに党機関の指導的幹部には、いっそうつよく求められるということは、明白です。

しかし、正しい指導態度の問題の基本は、党機関が、全党が納得するような指導に最大限努力をつくすべきだということです。そのことに心がけるのが指導の原点であると強調しているわけです。

わが県・地区は「この程度」というあきらめ、惰性の打破を

県・地区委員長が指導にあたって心がけなければならないことは、「わが県はこの程度」「わが地区はこの程度」という立場に陥らないことです。「他の県や地区のようにはいかない」とあきらめてしまったら、知恵も力も出ません。意欲も出てこなくなります。すすんだ県や地区の経験や教訓を学ぶ意欲もわかなくなります。先ほどものべましたように、県・地区委員長こそが、革命的気概をもち、困難に屈しない不屈の戦闘性を発揮して、「すすんだ県・地区に追いつき、追い越す」構えで、指導と実践の先頭に立ってこそ、変化もつくれるし、課題をやり抜く道も開けると思います。強気で正面から突破する気構えこそ大事です。

④ 失敗を恐れない。自己分析、自己・相互批判は前進の原動力

私たちは、常に意欲的な目標と方針をもって挑戦することが大事ですが、失敗を恐れないということも大切なことです。失敗を恐れて、消極的になったり、現状に安住してしまうのでは、発展性は生まれてはきません。失敗を恐れず、高い目標、難しいと思われる課題にも挑戦していく、変革の立場に立つことが、県・地区委員長には求められます。大事なことは、失敗したとき、あいまいにすることなく、なぜ失敗したのか、指導と活動のどこに、どのような問題があったのか、自己分析や、自己・相互批判をおこない、教訓を明らかにして、それを次の実践に生かし、同じ失敗を繰り返さないようにすることです。同じ失敗を繰り返していては信頼を失うことになります。

この点で党機関として、自己・相互批判に習熟していくことが大事です。その意義について、以前、党創立42周年記念講演会（１９６４年7月）で宮本顕治さん（当時書記長）がおこなった

講演でふれたことがあります。そこでは、正確な政治路線、正しい指導方法や活動方法、また成果を生かして欠陥を勇敢に克服するために一番大事なことは、相互批判・自己批判だということを解明しています。また、「批判と自己批判」は活動発展の源泉、原動力と強調されたこともあります（１９９２年11月・第32回赤旗まつりでの宮本議長あいさつ）。さらに、そのやり方について、自己批判、自己分析というのはむずかしいものではあるけれども、日常的に相互批判に慣れる、自分が他人に意見をいっても、他人から意見を聞いても、お互いが報復や感情としてとらえないで、「人間関係の交流とその発展として素直にとらえる」（宮本顕治議長の１９９３年1月「赤旗」新春インタビュー）ことが非常に大事だと強調されたこともあります。党のいろいろな会議でも、感情的になって他人を攻撃するような人がまま見受けられますが、それを人間の問題としてとらえる、人間ができているかいないか、人間的成熟の問題として、相互批判・自己批判によって鍛えられる訓練が非常に重要であることが解明されています。

⑤　党機関の団結の中心になる

県・地区委員長は党機関の団結の中心になるよう努力することが、非常に大切です。そのことについてあまり解明の必要はないと思いますが、これに類するような問題の訴願がよくでているので、２点ばかり述べておきます。

1つは、常任委員、県・地区役員、勤務員の意見をよく聞き、家庭や生活の状況についてこころくばりをするということです。ごくあたりまえのことですが、案外このことがおろそかにされています。活動や家庭のことで悩んでいたり、また不満をもっていたりしても気づかずにいて、顕在化し、大きな問題になって慌てて対応したが、こじれてしまって解決に手間取り、苦労するという例が少なくありません。

専従者は革命のために全生活をかけて日夜がんばっています。そのためにますますると、毎日顔を合わせているのに、お互いの家庭や家族のこと、生活状態がどうなっているのかもよく知らないという状況があります。また個人のことだからあまり知られたくないという気分もあり、自分で解決しようとしてどうにもならなくなるということもあります。

専従活動家は家族の支えなしに活動はできません。家族にいろんな犠牲を強いることは避けられません。それだけに、お互いによく知り合い、気軽に相談できる関係になることが大事ですが、特に県・地区委員長としてのこころくばり、配慮が大事だと思います。

2つ目は、政治活動や国民運動でも宣伝活動でも、県・地区委員長は可能な限り先頭に立って切り拓く、困難な地区や支部の援助など、みんなが困難だと思うようなことも、長が率先して打開の先頭に立つ姿勢が必要です。たとえ長が率先して乗り込んでも、問題が一気に解決できないという場合もあります。すべてスッキリ解決することに越したことはありませんが、そうでなくても、困難な問題の解決に長がみずから真剣にのぞんでいる姿は、党機関全体に、困難に正面から立ち向かっていこうという気風を広げていく契機になります。団結の中心になるということが、こうしたことからも大事だと思います。

3　あらゆる活動の結節点として、1つひとつの選挙戦を重視して勝利のために力をつくす

選挙戦の指導に熟達することが、県・地区委員長の大事な任務です。

党綱領は選挙闘争を、多数者革命の立場からつぎのように位置づけています。第13節です。

「日本共産党と統一戦線の勢力が、国民多数の支持を得て、国会で安定した過半数を占めるならば、統一戦線の政府・民主連合政府をつくることができる。日本共産党は、『国民が主人公』を一貫した信条として活動してきた政党として、国会の多数の支持を得て民主連合政府をつくるために奮闘する」

すなわち選挙を通じて革命をおこなう、選挙を通じて民主連合政府を樹立するということです。同じ第13節では、地方自治体についても述べています。

「全国各地で革新・民主の自治体を確立することは、その地方・地域の住民の要求実現の柱となると同時に、国政における民主的革新的な流れを前進させるうえでも、重要な力となる」

つまり地方自治体でも革新・民主の自治体、すなわち、革新・民主の県政、市・区・町・村政をつくることは、その地方の政治を変えるとともに、国政を民主的革新的に変えていく流れを前進させるうえでも重要だということです。

したがって、国政選挙も地方自治体の選挙も、綱領実現にとって極めて大事なたたかいということです。

県・地区委員会は、地域における政治活動、国民運動、党建設などあらゆる活動を多面的に展開しながら、そのあらゆる活動の結節点として、選挙戦を位置づけて、国政選挙はもちろん、いっせい地方選挙、中間選挙などの、1回1回の選挙で、議席数、議席占有率、得票数、得票率で必ず前進をかちとる構えでとりくむことが大切なのです。この選挙戦の問題について第21回党大会（1997年9月）では、民主的政権を目指す「党建設の重点的な努力方向」の1つとして、「選挙戦の推進・指導に熟達する」問題を提起しています。そこでは「選挙戦へのとりくみは、それぞれの機関の政治指導の力量が試される最大の試金石ともなります」と指摘しています。実際、選挙戦は、全国的にはほぼ共通の情勢のもとでたたかわれますが、その選挙戦の指導に直接あたっている党機関の指導の強弱、良し悪しによって、前進もあれば、後退も失敗もあることは、選挙のたびに痛感させられていることです。

今日は選挙学校ではありませんので、選挙指導の基本になると思ういくつかの点だけ述べておきたいと思います。

第21回党大会の報告では、「全国的な（選挙）方針を正確に深くつかむ」「その立場で、地方・地域の情勢を分析し、その情勢にかなった形で方針を具体化する」「そういう分析・方針にもとづいて、党と後援会の意思統一をおこない、活動を積極的に組織すること」を示したうえで、全国的な方針を具体化するポイントとして、「政党状況をふくむ政治情勢、住民の要求からみた政治的争点、住民の要求と運動の状況、相手陣営の状況と問題点など、選挙戦をめぐる具体的な情勢を研究するのは政治戦をたたかうもっとも基礎的な活動の一つであって、それをなおざりにしては、選挙戦の生きた政治指導はありえないのであります」（『前衛』大会特集号、77〜78ページ）と述べています。このことは選挙戦を指導する基本中の基本だと思います。

第26回党大会決定では、躍進した昨年（2013年）の参議院選挙の教訓をいかし、「選挙革命」というべき活動方向を、きたるべき国政選挙でも地方選挙でも発展させるため、次の7つの問題を提起しています。

①すべての党組織が「650万票、得票率10％以上」にみあう得票目標、支持拡大目標をもって活動する。それを実現する「政策と計画」――「四つの原点」⑴要求実現活動、⑵宣伝、対話と支持拡大、⑶党員拡大と読者拡大、⑷運動団体との協力・共同と後援会活動）にもとづく活動を具体化し、日常的に活動する。

②結びつきと要求にもとづく活動を、「四つの原点」のなかでも根本の活動として重視する。

③政治宣伝では、有権者の生活条件に即して、全戸に宣伝物を配布する態勢・活動を強める。

④組織活動では、「マイ名簿」にもとづいて、党員の全国的な結びつき、つながりを視野に入れた対話と支持拡大の活動を、選挙戦の組織活動の大きな柱と位置づけ、日常的に発展させる。テレデータを使った不特定の有権者への働きかけを「声の全戸訪問」と位置づけ、これを選挙活動の柱にすえていく。

⑤インターネットの活用。

⑥得票目標を必ず達成するにふさわしい党勢拡大目標をもつ。党勢拡大での高揚をつくりだしながら、選挙戦での躍進をかちとる。

⑦選挙戦の日常化の要として後援会活動の強化をはかる。

これが現在の全国的な選挙方針です。第26回党大会決定の選挙方針を正確につかみ、県・地区で具体化し、来年（2015年）のいっせい地方選挙、来るべき国政選挙での躍進をめざして奮闘することです（**注**）。

（**注**）もちろん、情勢の進展のなかで、安倍政権が国民の声に追いつめられておこなった2014年12月の総選挙では、この方針が生かされて大躍進を生みました。

幹部が交代し、新しい幹部になると、試されずみのいわば常識になっている方針や過去の決定で明らかになっていることのほか、具体的な手立てなども知らずに選挙を指導している場面に出くわすことが少なくありません。たとえば候補者が街頭演説をやる場合でも、演説場所の設定は、どの時間帯にいけば多くの有権者に訴えることができるかを考えて線引きをするわけですが、そのさい人が集まる商店街でも休みのときに中央の応援弁士を案内してしまう、しかも最終盤の大事なときにそのような線引きをしていることが、たまにあります。これではせっかくの応援も効果的に活かされず、無駄な時間を費やしたという話が、応援に入った中央の弁士から聞かされることもずいぶんありました。

なかば常識になっているようなことでも、担当者にまかせて実務的にやっていると、こうした失敗がでてくるわけです。集団でよく検討し、選挙戦の活動を蓄積して県・地区の財産にしていく、そして、さらに選挙方針そのものを発展させていくという日常的な努力が必要です。このような立場で1つひとつの選挙戦にのぞんでいくことが大事です。

選挙戦の指導に熟達していくうえで、第25回党大会2中総をよく学んでいくことも重要なことです。2010年の参院選を総括したこの2中総決定というのは、党大会決定に匹敵するものです。参議院選挙での後退というなかから、中央委員会としては、志位委員長を先頭にして常任幹部会が、なぜ後退したのか、どうしたら前進を切り拓くことができるのかという真剣な議論をくり返しおこないました。しかしそれだけに止まらず、全国の地区委員長のみなさんからも、県委員長のみなさんからも、さらに地方にオルグに入った同志たちからも、また候補者としてたたかった同志からも、選挙戦をたたかっての感想を報告してもらい、それらを精力的に分析するなど、苦労に苦労を重ねて、血のにじむような努力をして検討し、総括をすすめて全面的な教訓を引き出しました。この選挙闘争の方針も、政策論戦の方針も、党建設の方針も、参院選の後退という結果を踏まえて、底を割った深い議論をつうじて練り上げられたものなのです。

そういう意味で、2中総が提起している選挙方針は、豊富な教訓が盛り込まれているものですから、選挙をたたかうさいには、この決定をよく学んでいただくことを強調しておきたいと思います。また、第26回党大会決定の国政選挙といっせい地方選挙の方針をよく学び、しっかり自分のものにする努力をおこなうと同時に、これまでの多くの選挙戦で明らかにされている教訓や問題点について過去の決定で示されている選挙方針を身につける努力も必要です。

選挙戦というのは勝つか負けるかで、その県・地区（地域）で、政党間の力関係が変動します。選挙ごとに着実に得票と議席を伸ばし、選挙に勝利してこそ、多数者革命に向かって前進できるわけです。選挙戦はあらゆる活動の結節点で、いちばん政治的・組織的指導力が試される政党間の闘争ですから、県・地区委員長は選挙方針に精通・熟達して、選挙戦にのぞんでいただきたいと思います。

4　党員拡大は「根幹」、機関紙活動は「中心」——この位置づけを正しくつかむ

党員拡大は「根幹」、機関紙活動は「中心」という位置づけの問題について次に述べます。なぜ、この問題を「県・地区委員長の志と構え」のなかに入れたのか。本来でいえば党建設の課題の方に入れた方が落ち着くのですが、この問題は、日常の指導のなかで、絶えず挑戦し、全党的な自覚にし、定着させ、軌道にのせていくことが、「成長・発展目標」の実現にとって成否のかかった課題だからです。そして、そこで決定的になるのが、この問題での県・地区委員長のイニシアチブの系統的な発揮だからです。

党員拡大が「根幹」であることを握って離さない

第22回党大会（2000年11月）の決議で、「党建設・党勢拡大の根幹は、党員拡大である。根幹とは、党のあらゆる活動——国民の要求にこたえる活動、政策宣伝活動、選挙活動、議会活動、機関紙活動などを担う根本の力が、党に自覚的に結集した党員であるということである」（『前衛』大会特集号、48ページ）と明確にしました。樹木にたとえれば、根を深く張って、幹が太くなってこそ、枝葉も茂るし、実もなる。根が浅く、幹が細いようでは、枝葉は茂らな

いということです。党のあらゆる活動を支えていくのは、党に自覚的に結集した党員ですから、組織の幹を太くしていく党員拡大こそが党建設の根幹なんだということを鮮明にしたのです。

第22回党大会が改めて「党員拡大が根幹」であることを明確にしたのは、第17回党大会8中総（1987年8月）で、それまで、「党建設・党勢拡大の根幹は党員拡大」となっていたのを、「党員拡大と機関紙拡大の二つの根幹」ということに変更されたという事情があったためでした。これが正確でなかったことを明らかにして是正したのです。

第17回党大会8中総が「二つの根幹」としたのは、機関紙読者の後退傾向が大きくなり、これを打開するために機関紙拡大をいっそう重視するという考えからとられた方針でした。しかし、この方針は正しくありませんでした。機関紙活動——読者の拡大、配達・集金活動、読者との結びつきなどを担っているのは、党員であって、この力を大きくする努力が足りなければ、機関紙活動の発展もゆきづまることになります。実際「二つの根幹」という方針が決められて以後、10年余にわたって党員拡大のとりくみが極端に弱くなり、1カ月、百数十人の拡大にとどまる状況が続きました。県によっては1カ月入党ゼロというところもありましたが、そういうこともあまり問題にならないという自然放任ともいうべき状態になっていました。

このような10年余の党員拡大の空白期間があったことが、党の活力を弱め、わが党のすべての活動を前進させるうえで、困難と障害をつくりだす要因の1つになりました。とりわけ党の世代的継承の面で困難を生み出す結果となりました。

1994年7月の第20回党大会以降、このことを重視し、党員拡大へのとりくみを意識的に追求する努力を始めましたが、抜本的に打開するまでには至りませんでした。こうした深刻な事態の反省に立って、第22回党大会で一時期の不正確な方針を是正し、改めて党員拡大が党建設における「根幹」であるとの位置づけを明確にしたのです。

党建設の「根幹」を太く大きくする仕事は、粘り強い長期的努力が必要とされる課題であって、絶対に、ひと時たりとも中断の許されない課題であるということです。一定期間にわたり中断が続けば、その党組織は困難な事態に陥ります。現に地方議員が高齢になって、健康上も限界でどうしても交代しなければならないにもかかわらず、後継者が決められなかったために立候補できず、空白にしてしまったというところが目立つようになっています。いっせい地方選挙の候補者がなかなか決まらない自治体でも同様の問題があります。職場支部では長期に党員を拡大してこなかったために、退職者が続き支部が消滅しているところも、第26回党大会後の半年間だけでも158支部もあります。

「しんぶん赤旗」読者を拡大するのも、配達・集金するのも党員です。新しい党員が増えない状況がつづくと、機関紙活動自身が困難に陥り、それはあらゆる活動に困難を生みだすことになっていきます。そういう現実が各地の党組織のなかに生まれているんだという総括と反省にたって、第22回党大会で〝党員拡大は根幹である〟と位置づけ直しました。

党員拡大が中断すれば、党活動のあらゆる分野に困難と障害をもたらすことになります。

県・地区委員長のみなさんが、このことを肝に銘じて、日頃の活動の中で党員拡大を握って離さないようにすることを強く訴えておきたいと思います。

第26回党大会にむけての2回（13年9～11月と同年11月～14年1月末）の「大運動」でも、今回（14年5月～同年7月末）の「躍進月間」でも党員拡大を中心にしたのは、党員拡大が党建設のなかでもっともおくれた課題になっているからです。しかも、この「大運動」や「躍進月間」では、すべての支部が新しい党員を迎えるということを非常に重視しました。党員拡大は根幹ですから、長期にわたって迎えていない支部は、どうしても活力が失われていくし、支部活動のあらゆる面で停滞が生まれてきますが、そうした支部が若い人でなく年配の人であっても、新しい人が加わることによって支部全体が活性化しているんです。そういう経験は各地に、たくさん生まれており、根幹たるゆえんをあらためて実感している党組織も少なくありません。

ですから、この26回大会期に文字通りすべての支部で新しい党員を迎えることをやりとげていくことは、党建設上、非常に重要な課題だということをあえて強調しておきたいと思います。そのさい、中央が『すべての支部が新しい党員を迎えるために』という冊子を作成していますが、これを党機関自身で学んでいただき、同時に、支部を援助するさいにも、この冊子をつかってほしいと思います。この冊子で論議をすれば、党員拡大の大切さ、どうしたら党員を迎えることができるのか、迎えた党員をどのように成長させたらいいのかなど、非常に簡潔に解明されているだけに、党員拡大への意欲を引き出す力になります。ぜひ、積極的に活用してほしいと思います。

機関紙活動は党活動のたんなる一課題でなく「中心」

第22回党大会では〝「しんぶん赤旗」中心の党活動〟――機関紙活動が党活動の中心だという位置づけを明確にしたことも非常に大事な点です。

「機関紙中心の党活動」の原点ともいうべき決定は、第8回党大会4中総（1962年10月）への宮本書記長（当時）の幹部会報告です。そこでは、中央機関紙の意義について次のように述べています。

「党の中央機関紙は、宣伝、扇動、組織者であり、政治的経済的思想的諸闘争や統一戦線のための活動をふくめた全大衆活動のためにも、また強大な党を建設するためにも、機関紙はつねに党と人民の日々のゆくてを示すラ針盤であり、また党中央と全党員の活動をむすぶ血管である。また党と大衆を日常不断にむすびつけているきずなである。したがって機関紙活動は、たんに四つの旗の一つである党建設のなかの課題であるだけでなく、四つの旗を実現する活動全体をむすびつける党の生きた動脈であるという特別の任務と性格をもっている。さらにまた、この機関紙活動の欠陥は、たんに党と大衆との政治的組織的結びつきの面での弱化をきたすだけでなく、党中央の活動をささえる財政的な基礎の弱化となり、ひいてはそれが全党の活動の財政的な弱化に波及する危険をもつものである。機関紙活動のもつこの全党的な意義を明かにして、四つの旗を正しく進めることが重要である。」

「四つの旗」とは、当時の綱領路線を四つの旗ということにまとめて示したものです。今日新しくなった綱領のもとではこのような表現は使っていませんが、機関紙活動の意義としては、多数者革命をめざす綱領路線をすすめるうえで「機関紙中心の党活動」が大切だと位置づけています。

この原点を今日の情勢、党の発展段階に生かす立場で、第22回党大会決議は、「機関紙活動は、たんに党建設のなかの一課題というだけでない。機関紙は、党中央と全党をむすぶきずなであり、党と国民とのむすびつきを広げる最良の媒体であり、国民の要求にもとづく運動、国会や地方自治体でのたたかい、選挙活動や党建設、財政活動など、党のあらゆる多面的な活動を促進し、統一し、発展させていく中心である」(『前衛』大会特集号、50ページ)と鮮明にしました。

その具体的内容として、

①党員と党支部、党機関が、「しんぶん赤旗」をよく読み、討議して、活動する。これは〝「しんぶん赤旗」中心の党活動〟の大前提である。

②党と国民とのつながりを「しんぶん赤旗」を軸にして広げていく。そのための持続的拡大と、配達・集金体制の強化をはかり、それによって党と国民とのあいだに、打ち破りがたい深いむすびつきをつくりあげていく。そのために、すべての支部、地区、都道府県が、

毎月着実に前進をかちとることを目標に読者拡大にとりくむ。「支部が主役」の配達・集金活動をつくりあげていくために力をそそぐ。

③読者と協力・共同して、党活動を発展させることである。すべての党組織が、要求にもとづく活動、選挙活動、党建設など、あらゆる活動で、「しんぶん赤旗」読者としっかり協力・共同して活動していく。

④着実な読者拡大と、確実な配達・集金活動の前進、後退は、党中央委員会や、全国の党機関、党支部の財政の前進、後退に直結する大問題でもある。この面からも、〝「しんぶん赤旗」中心の党活動〟を重視し、それによって党財政をささえるという点でも、大きな成果をあげるようにしたい。

⑤「しんぶん赤旗」の日刊紙と日曜版の、それぞれの独自の位置づけを鮮明にするとともに、それにふさわしい紙面改善に大胆にとりくむ。

この5点を示しています。この中身をよく見ると、「政策と計画」をもった「支部が主役」の活動、選挙活動の「四つの原点」の活動と重なり合うものです。まさに党活動の中心を担う活動です。機関紙活動が党活動のたんなる一課題でないということです。

機関紙活動というとどうしても読者拡大だけに目が行きがちです。たしかに読者の後退が続くようでは党活動全体が困難に陥りますから、持続的に前進をかちとることが重要です。しかし読者の拡大を持続的・安定的に前進させるためには、第22回党大会が〝「しんぶん赤旗」中心の党活動〟として提起した5つの課題全体にとりくむことが大事なのです。

とりわけ「支部が主役」の配達・集金活動の体制を強めることは、読者拡大とともに機関紙活動の要になる問題です。確実に配達し、確実に集金するということは、機関紙活動にとって、ある意味では命だと思います。ここが崩れると、機関紙活動全体が崩れることになります。ときたままとまって減紙がでるときは、支部が困難をかかえて、もうこれ以上配達できない、集金できないということで、何十部という減紙がまとまってでてくるということがあります。配達や集金ができなくなったという問題は、党員拡大と密接不可分の課題でもあるし、職場、地域、学園に責任を負った支部が、支部らしくきちんと成長・発展させていくこととも結びついた課題です。同時に、支部として元気に活動しているところでも、「支部が主役」で配達・集金する体制が確立できていない支部が、まだまだ多数残されています。

たとえば、党中央の機関紙活動局が各県の機関紙部から「機関紙月報」をいただいているのですが、この「月報」では、配達・集金の体制が確立した支部がどれくらいあるのか、配達・集金活動に参加している党員がどれぐらいいるのかについて、報告を求めています。ところが、私が大変気になるのは、毎月ほとんど変化がないことです。久しく同じ数字を報告している県が少なくありません。配達・集金参加の党員が増えたり減ったりという多少の変化はありますが、支部が責任をもって配達・集金を管理し、支部として責任をもっている支部の数や率は、ほとんどの県で変化がないのです。

ということは、支部がほんらいの支部らしく活動していくように、そこに目がむけられていない、そこにあまり関心がもたれていない表れがあるのではないかと思います。これは、機関紙活動上の重大な弱点だと思います。配達・集金という機関紙活動の土台をしっかり確立することをぬきにしては、読者の拡大をはじめとする機関紙活動の発展の保障はないという立場で、真剣に打開していく必要があります。

実際、配達・集金活動の確立の全党的なおくれが、読者拡大にとって大きな障害となっています。「これ以上増やしても配達・集金ができない」「配達・集金ができるところに増やしてほしい」という声は結構あります。また、支部が配達・集金に責任をもつ体制が確立できていなければ、支部が選挙闘争をやるときに、自分たちが責任を負っている地域に、いったいどれだけの読者がどこにいるのかわからず、選挙をたたかう担い手を広げることができないなど、得票目標の実現にむけた「支部が主役」の選挙戦にとりくむことが困難になってきます。

このようなところでは、いまでも、配達をしている一人ひとりの党員が、支部とは結びつかずに直接地区委員会や出張所とつながっていて、読者の状況は個々の党員に任されていて読者の増減や集金状況が、支部としての認識にならないという状況になっています。しかも、このような支部が少なくないという面があります。これは、「しんぶん赤旗」中心の活動が全党のものになっていない反映と見るべきです。

先ほど「機関紙活動は、たんに党建設のなかの課題というだけではな」く、「党のあらゆる多面的な活動を促進し、統一し、発展させていく中心である」（第22回党大会決議）との重要な意義を紹介しましたが、こういう位置づけにふさわしい取り組みを、「支部が主役」で推進をはかっていくためにも、党中央発行の冊子『Q＆A　支部の機関紙活動の手引き』を党機関自身がしっかり学び、活動の基本として身につけ、冊子の活用とあわせて支部・党員のものにして、「しんぶん赤旗」中心の活動を党機関と支部に根づかせていくよう奮闘しましょう。この問題は、党員の拡大や支部の確立と密接不可分の課題ですが、独自に追求して体制を確立する必要があります。

県・地区委員長のみなさんが「党建設と党勢拡大の根幹は党員拡大」「『しんぶん赤旗』中心の党活動」――この位置づけを指導のなかでしっかり握って貫くことを強調しておきたいと思います。

なお、第一章に関係する資料を巻末に掲載しています（最新となる、２０１４年衆院選の比例得票・得票率別の自治体・行政区数なども加えています）。参考にしていただければ幸いです。

二　常任委員会、県・地区委員会の政治・指導水準を高める

1　中央の決定を、時間を惜しまず徹底して討議する。長としてイニシアチブの発揮を

県・地区委員会の政治・指導水準の向上をはかるためには、党中央の決定を徹底して討議し、深く理解する努力を強めることが必要です。その立場から第26回党大会決議は、党機関の政治的力量を高めるために何より大事なこととして、次のように述べています。

「政治的力量を高めるために何よりも大切なのは、綱領と党大会決定、中央委員会総会決定について十分に時間をとって討議し、深く身につけることである。綱領を実現していく立場から、なぜこの決定が出されたのか、何がポイントなのか、その核心が〝腑《ふ》に落ち〟〝元気が出る〟ところまで討議をつくし、情勢の特徴、党の役割、活動の発展方向をしっかりと

つかむことを重視してこそ、支部と党員を励まし、党活動への自覚的な参加を広げることができる」(『前衛』大会特集号、53ページ)

このことは、これまでの決定のなかで繰り返し強調されてきたことです。

しかし、県・地区の常任委員会や総会での討議は、かなり時間をかけて討議する努力がされているところもありますが、第26回党大会決議が指摘しているようなところまで討議しているところは、まだまだ少ないのが実際の状況だと思います。とくに、地区委員会総会になると、夜2~3時間程度の討議で、せいぜい感想をだしあって終わっているところが少なくありません。

中央の決定を時間を惜しまずに徹底して討議するということは、情勢の見方や、捉え方、また方針に対する疑問や異論、消極的な意見なども率直にだしあい、本音をぶつけ合って、真剣な討議で認識を一致させ、疑問や異論を残さないところまで討議するということです。討議はしても、「異議なし」で簡単に終わるようでは、あまり深いうけとめにならず、認識が一致しないし、ほんとうに「よしやろう」という決意も確固としたものになりません。反対に、いろいろ率直に意見がでて、侃侃諤諤《かんかんがくがく》の議論になったときほど、決定や方針への理解が深まり、納得し、確信になって、やりぬく決意も固まります。このことは、私自身が各県や地区にお伺いして、一緒に討議に参加するなかで、感じてきたことです。

やはり、決定を深く討議するということを、「時間がない」ということで簡単にすましてしまうと、その後の決定の実践が非常に不徹底なものになってしまいます。大会決議が強調しているように、時間を惜しまずに論議を尽くすこと、そのことによって党機関の政治的指導力も高まるし、戦闘力も発揮されます。同時に、「躍進月間」以来、党機関が支部に入って熱く情勢を語り党の役割を語っていくことが強調されてきましたが、そうした党機関の情熱を支部や党員にも伝え、総決起する状況をつくりだしていくことが、不可欠です。

2　党機関の学習を定着させる。機関役員の独習も習慣化する

党機関の政治的指導力を高めるためには、党機関の学習を定着させ、機関役員の独習を習慣化することは必須です。この問題について、第24回党大会2中総（２００６年7月）では、「地区委員会が支部を援助するうえで、自らの政治的・理論的力量をどのようにして高めていったらいいのか」という悩みにこたえて、次のように解明しています。なお、この総会を開くにあたって党中央は、２００７年のいっせい地方選挙と参議院選挙が連続してたたかわれる選挙戦を展望して、「支部が主役」の選挙戦を縦横に展開するために「政策と計画」をもち「支部が主役」の党活動をどのように前進させるかを、前もってすべての地区委員長さんにアンケートで回答を求めていました。そのなかで、いま紹介した悩みが地区委員長のみなさんから共通し

てだされたことに応えたものでもありました。

「党機関の仕事は多面的です。たいへん忙しい。そのうえ、常勤常任委員や専従者が減って、一人や二人などの地区委員会などでは、『必要性は理解できるが時間がない』『落ち着いて学習などしていられない』という声もあります。しかし、日常の忙しさに埋没してしまって、ここがおろそかにされたら、支部と党員を政治的・理論的に結集することはできなくなってしまいます。機関の学習は、『時間があったらとりくむ』でなく、『第一義的課題として優先的にとりくむ』という立場が大切であります」と、機関での学習の重要性を強調しています。

そのうえで、１９８９年８月の第18回党大会６中総が、中間機関の任務として、「毎日１時間、週に半日近くは機関学習をする作風をつくることや、地区委員会総会でも十分に時間をとって決定などの学習や討議を活発におこなうことなど、機関の理論水準の向上と思想的・政治的一致による団結の強化を、日常の機関運営の根本にすえなければならない」と提起していることを紹介し、「この決定を、この総会〔２中総のこと〕でも再確認し、全党がとりくむようにしたい」とのべています。

党機関での決定の徹底した討議と、党機関の学習を定着させることは簡単なことではありませんが、党機関としての政治的・理論的水準、指導力を高める努力を抜きにしては、すべての機関の役員が積極的に支部の援助・指導に入れるようにすることはできません。ここのところの時間を惜しんで、「忙しい」「時間がない」ということで省略してしまうと、一定の期間が経過してみると、県・地区委員会全体の指導に新鮮さが失われ、なかなか地区役員が支部に入らないなど、全支部に指導を貫徹する力も弱まり、県・地区役員が本来のその指導性を発揮できなくなってしまうということになります。

「急がば回れ」という諺《ことわざ》がありますが、党機関として、決定の討議や学習の時間を惜しまず力を注いでいく、毎日1時間、週半日は学習するという作風を、県・地区機関全体の習慣にしていくことです。他に道がない以上、困難であっても、県・地区委員長が指導性を発揮し、工夫もして、党機関の学習を定着させるように努力していただきたいと思います。

3　県・地区が方針を決定するときは双方向・循環型で（党規約第15条）

県・地区委員会が方針を決定するとき、先に、県・地区委員長が正しい指導態度を身につける問題で、「指導とは何か」について第11回党大会（1970年7月）と第19回党大会（1990年7月）の決定を紹介し、「指導とは納得である」――これが指導の原点であると話しました（本書、47～49ページ）。そういう指導をおこなうためにも、県・地区委員会が、実情にあった正確な方針を決定することがもとめられます。この点で、党規約第15条に「党機関が決定をおこなうときは、党組織と党員の意見をよくきき、その経験を集約、研究する」とあるように、方針を決定していくあり方の問題として、双方向・循環型に徹していくよう心がけることです。

党中央も、党大会決定あるいは中央委員会総会の決定を準備する段階で、現地に幹部を派遣して全党の実践の結果、成果やそれを生み出した教訓がどこにあるのか、またどこに困難や打開すべき障害があるのかなどについて、すすんだ党組織の経験や教訓、困難を抱えている党組織の問題点などをリアルにつかむ努力をしています。場合によっては県委員会の三役に党本部に来てもらって、中央のしかるべき幹部が複数出席して丁寧《ていねい》に率直な意見交換をおこない、正確に実情をつかみます。あるいはいくつかの問題について全国の都道府県委員長の意見や感想、時には全地区委員長の意見・感想を求めるなどして、できるだけ、全党の実情にあい、かつ、どうしたら前進を切り開くことができるかを、考えに考えぬいて方針をつくりあげる努力をやっています。決して「こうあるべきである」という立場からだけ方針を出しているわけではありません。

さきほど（本書、57～58ページ）、前々回の参議院選挙を総括して教訓を明らかにした2中総（第25回党大会）を練り上げていくうえで、党中央が血の滲《にじ》むような努力をしたことを紹介しましたが、あのときは、比例と選挙区の候補者全員、都道府県委員長と地区委員長の全員から、選挙をたたかった感想・意見を出してもらいました。膨大なものでしたが、それを委員長をはじめ三役、常幹を先頭にして丹念に全部読み込んで、なぜ後退したのかという問題意識にもとづいて、どこに県・地区機関が悩みをもち困難を抱えているのか、その際の中央の指導はどうだったのか、そこを徹底して分析しました。地区委員長のみなさんの感想・意見についても、単に読むということではなく、読んだ幹部がそこから何を感じ何を読み取ったのか、そこからどういうことを中央として考えるべきか、そういう議論を三役会議でしっかりおこないました。それを常任幹部会にかけて議論する、幹部会にかけて議論をして意見をまとめ、幹部会の提案として中央委員会総会に提起する、そして中央委員会総会でさらに議論をして最終的に2中総として決定したわけです。

ですから、中央が出す決定が全党の実情にあい、かつ、どうしたら情勢を切り開くことができるかということを考え抜いて、方針をつくりあげる努力をしています。それで完璧かといえば、決して完璧とは私たちも思ってはいません。しかし、いまの中央委員会として考え抜いて到達した最高水準のものとして、私たちは確信をもって中央委員会総会に提案し、中央委員会の決定になっています。決して、私たちの頭の中だけで考えて決定した方針ではなく、現場の努力から徹底して学ぶという双方向・循環型で決定を練り上げています。このようなプロセスで決定をおこなうことは、時間もかかりますし、相当の努力も必要です。

2中総はこのように練り上げられた決定です。参議院選挙での重大な後退によって、全党のなかに確信を失う部分も率直に言って生まれましたが、それを乗り越えて新たな前進をめざす方向が打ち出せたことで、全党が「よし、これでやろう」という決意がつくられたわけです。そういう努力によって、決定を実践しようという意欲が生まれ、昨年（2013年）の都議選の躍進、参議院選挙での躍進に実っていったという経過があります。

都道府県委員会でも地区委員会でも、方針を決定するときは、党規約の精神にたって、単に中央の決定だけを見て具体化するというのではなく、決定を実践する支部や党員のみなさんがどういう実情にあるのか、どういうふうに提起すれば決定をうけとめてもらえるのかということをよく考えて、実情にあった正確な方針を具体化していく努力が大事です。

党規約の立場からいえば、県・地区委員会の決定は、県・地区の党組織を拘束します。決定したことは、実行しても実行しなくてもよいというものでなく、必ず実行しなければならないものです。それだけに正確な方針を決定する努力が求められます。決定するときは、党組織や支部・党員の実情、地域や職場の状況を正確につかんで、中央の方針や決定を導きにして、できるだけ実情に合った正確な方針を練りあげることが大事です。

もちろん、そのような努力をしても、決定が実践されていく段階で検証していけば、まだその決定のなかに不十分さや問題点があるということが、発見される場合が少なくありません。実践したなかから問題点を引き出して、それをさらに深めていくという双方向・循環型で決定を検証し、それにもとづく実践が繰り返されるなかで、方針というのはだんだんと実情にあった正確なものに発展していくことが可能になるわけです。それには率直さと勇気がいります。この立場を堅持して決定をおこなうようにしていただきたいと思います。

決定した方針が支部の現場でどのように受けとめられ、実践されているか、不十分さがないのか、絶えず実践で検証し、不十分さがあれば是正をはかることです。実情を無視して安易に決定を繰り返すようでは、県・地区の決定は信頼を失うことになります。

４　集団主義と個人責任制の結合

県・地区委員長が党機関の運営で心がける必要があることは、集団主義と個人責任制を正しく結合する努力です。

大事な問題は党機関の集団の英知を結集して決める。独断で処理しない

このときに大事なことは、集団の英知を結集して決める努力です。県・地区委員会の方針は、常任委員会や総会でよく討議して決める。機関の役員が納得し確信になるまで討議する。意見や疑問も率直に出せるようにし、侃侃諤諤《かんかんがくがく》の論議になったときほどお互いの認識も深まり、指導力も強まり、実践もすすみます。これはさきの「指導とは何か」のところでも話したことです。

このような会議にしていくためには、県・地区委員長の討議をリードする、イニシアチブの発揮が大事です。党中央の決定でもそうですが、読み合わせをして感想を出し合うと「いい決定だ」「賛成だ」ということで終わりになる場合が結構みうけられます。それにたいしてどのように討議を深めていくのか。

第26回党大会決議が述べているように、「なぜこの決定がだされたのか」「何がポイントなのか」「この決定の核心はどこにあるのか」などを討議し、情勢の特徴、党の役割、活動の発展方向をしっかりつかむことを重視し、そのためにも県・地区委員長が、事前に自ら決定をよく読み込んで、決定の中心点というものをつかみとって常任委員会や総会にのぞんでいくことです。会議で、あまり意見がでないときには、「いまの情勢についてこういう見方もあるけれども、決定ではこう述べているがこの点はどうか」という形で問題を投げかけるとか、「決定にたいしてたぶんこういう消極的な意見がでるのではないか」「支部にいけばこういう問題にぶつかるのではないか」などと、予測される問題を投げかけて、みんなに率直な意見を出し合ってもらえるように討論をリードする。このようにして、集団主義を発揮していく努力が大事だと思います。

同時に、党機関というのは毎日対応の迫られる問題が起こりますし、情勢の展開に沿っていろいろと対応しなければならない事態も起きてきます。党の存在そのものが、大きくなればなるほどそういう機会が多くなります。そういうなかで、日常の活動のなかで対応が迫られる問題、例えば、党中央の指示や連絡があって、すぐ対応が必要な場合とか、地方議会で党の議員（団）が対応の判断を求めてきた場合など、県・地区委員長として判断しなければならないことが、しばしば起きます。その時に可能な限り、副委員長や書記長と連絡を取って、協議して判断をするようにすることです。

いまは昔と違って、携帯電話があり、ＦＡＸもあればメールもあります。関係者との間で連絡を取り合い、集団的に協議できる条件を駆使していくことが大切です。どうしても連絡がとれないときは、県・地区委員長の責任で判断して対応しなければなりませんが、「自分はこう思うけれども、なお不安だ」というときには、中央委員会に遠慮なく助言を求めることも必要です。もちろん、集団で検討したが不安がある場合も、同様です。

県・地区委員長の責任で判断して対応した場合も、後で三役、常任委員会に報告し、集団の認識にすることが大事です。県・地区委員長の責任で判断し執行したことを誰も知らないということがないようにすることです。

決定の実践にあたっては、専門部、個人の責任まで明確にする

決めた方針の実践にあたっては、専門部や個人の任務分担、責任まで明確にすることです。方針は決めたが、どの部門の誰が責任をもって指導し、促進するのかが不明確では、誰かがやるだろうと責任が曖昧《あいまい》になり、方針の実行も不確かになってしまいます。決定を遂行していく場合には、個人責任を明確にするということが、どうしても求められます。

実践の総括を曖昧にしない。相互・自己批判に習熟する

もうひとつ大事なことは、決めた方針がどのように実践されたのか、結果はどうだったのかを必ず総括することです。活動の結果は、うまくいく場合もありますが、不成功に終わった場合のときは特に大切になります。お互いが任務を分担して責任をもって取り組んだけれども、どこで失敗したのか、どこで行きづまったのかということについて、個人責任まで含めて総括のなかで明らかにして、相互・自己批判によってそれを党機関全体の認識にしていく、次の実践にあたっては、それが教訓として踏まえられ、正確な実践ができるようにしていくということです。集団指導と個人責任というものが、決して別々にあるというものではなく、率直な相互・自己批判を通じて一体のものとして貫くように、絶えずこうした機関運営を重視していく必要があります。

実行にあたって、個人責任が果たされたのかどうかについて、絶対に曖昧にしてはなりません。日本共産党らしく、個人責任が果たせたかどうかについて、お互いに率直に意見をだしあっていくということが、党機関全体の水準を高めていくうえで必要なことです。個人責任が果たせていないことについて、率直に指摘するということはつらいことでもあります。しかし、どうも言いづらいということで、思っていても曖昧にしてしまうことがよくありますが、それは党機関全体の成長ということや一人ひとりの幹部が成長していくうえでは、大事なきっかけ

をやり過ごす結果になります。率直な相互・自己批判をやっていくことが、党機関の指導力を高めていくうえで大事な原動力になるという立場で、これにのぞんでいくことが大事です。

三　第22回党大会での党規約改定をふまえ、各党大会・中央委員会総会決定で明らかにしてきた党建設の基本方向をつかむ

第26回党大会決議では「党建設の方針については、第22回党大会での規約改定をふまえ、これまでの4回の党大会決定、第25回党大会期の中央委員会総会の決定で、その基本は明らかにされている。そのことを前提に、次の諸点を重視して奮闘する」と述べています（『前衛』大会特集号、48ページ）。

この第26回党大会での党建設の方針というのは、第22回党大会での規約改定以後の党大会や中央委員会総会で明らかにされた党建設の基本方向を前提にしているということを、第26回党大会の方針を提起する冒頭に位置づけられているところを見落とさないことが、党大会で提起された党建設の方針をつかんでいくうえで重要です。そのことを前提にして、とくに強調すべき問題を第26回党大会で提起しているのです。そこをよくつかんでいただきたいと思います。

したがって、県・地区委員長として、第26回党大会決定が提起している党建設の方針を、深く理解し指導と実践をするためには、第26回党大会決定の前提となっている、第22回党大会で

の党規約改定以来示されてきた、党建設の基本をよく学ぶことが大事だと思います。以下、要点を述べることにします。

1　党規約改定は、第21回党大会決定をはじめ、蓄積されてきた党建設・党活動の実践と教訓をふまえて、「21世紀の早い時期に民主連合政府をつくる」という大事業を担いうる質・量ともに強大な党建設のため、党のあり方、基本方向を示した

第22回党大会で抜本的に改定された党規約は、非常に大事な改定でした。それ以前の党規約は1958年の第7回党大会で決定されたものです。ソ連・中国の両共産党からの不当な干渉のなかで引き起こされた「五〇年問題」という不幸な経験を総括して、2度とそうした誤りを繰り返さないという決意で、自主独立の立場で、わが党の前規約の原型がつくられました。これ以後、第9回と第19回の2回の党大会を除いた各党大会ごとに、個々の条項やいろいろな規定の表現などの必要な改定が積み重ねられてきましたが、全体の骨格はほとんど変わりませんでした。第22回党大会では、この第7回党大会以来の党規約を、42年ぶりに抜本的な改定をおこなったということです。

なぜ第22回党大会で抜本的な規約改定をおこなったのかを、大会の報告では3つの理由をあ

げています。

1つ目は、日本共産党の前進・発展によって、党と日本社会との関係が大きく変化したことに対応したものだということです。党と日本国民との関係が、第7回党大会当時と比べても、党が非常に大きく前進・発展しているなかで、とくに第22回党大会前の1998年の参議院選挙をピークにして日本共産党が大きく前進し、党と国民との関係では新しい発展段階を迎えたもとで、それに対応するものとしておこなわれたということです。

第7回党大会当時の規約は、「五〇年問題」の痛苦の経験を通じて、党内の意思統一のあり方に一番大きな主眼がおかれていたものでした。抜本改定した党規約は、そのような党内事情にもとづいたものではなく、党自身が新しい発展段階を迎えているもとで、党活動において数千万の人びと、さらに全国民を対象にして対話と交流を広げていく、そういう活動にとりくむことを基本姿勢とする段階にあるということをふまえて、それに対応したものになったのです。

2つ目は、21世紀の早い時期に民主連合政府をつくるという大事業を担いうる活力に満ちた量・質ともに強大な党をつくる大方向に沿って、党組織の運営の基本を党規約で明らかにするという立場で、規約改定がおこなわれたということです。

歴史で試された党の正確な路線を堅持しながら、政策と方針の面でも、党の組織と活動の面でも、社会の変化と党自身の発展段階に対応して、不断に自己改革の努力が必要です。党規約の改定にあたっては、この立場から、党の組織のあり方に新しい光をあて、今世紀の早い時期に民主連合政府をつくるという大事業をやりとげる党づくりの大方向にそって、党の組織と運営の基本の面でしっかりした土台をすえました。規約の条項1つひとつについても、その立場で吟味しています。

3つ目は、マルクス・エンゲルス以来の蓄積された共産党論・労働者党論を踏まえて、それを単に引き写したものでなく、現代の日本社会に展開するというかたちで、科学的社会主義の大道にたって改定したものだということです。

このような立場から改定された党規約ですから、その精神は、「あれをやってはならない、これをやってはならない」という取り締まりの条項ではありません。日本社会のなかで活動している日本共産党が国民に責任を負う立場で、しかも日本の変革の事業、民主主義革命をどのように達成していくか、そのために日本共産党はどうあるべきかという全体を盛り込んだものとして、党規約の改定がおこなわれているということをしっかりつかんでいただく必要があると思います。

新しい党規約は、この3つの立場で、全面的に改定されました。そのさい、当然のことですが、第7回党大会以後のいろいろな全党的な実践を通じて蓄積してきた党建設、党機関運営の教訓や党活動のあり方の全般を総括して、実践の教訓を法則化して、現在の党のあり方、基本方向が示されています。

たとえば、第21回党大会では、21世紀の早い時期に民主連合政府を樹立することをめざし、この課題を担うにふさわしい日本共産党の量的・質的な成長・発展・前進が決定的条件であることを示したうえで、党建設の量的発展とともに質的向上のための、６つの重点的な努力方向を示しました。

①その地方・地域で日本共産党を代表しての政治活動・大衆活動（国民運動）を重視する。
②党の内部生活で、「支部が主役」をつらぬく。
③選挙戦の推進・指導に熟達する。
④党活動を財政的にささえる計画的活動。
⑤幹部・活動家の系統的な育成——後継者問題に系統的、意識的にとりくむ。
⑥党の質的な水準を高める。

この６つの課題は、改定された党規約の各条項に盛られています。

２　党規約改定以後の党大会・中央委員会の決定は、その時々の党活動が直面している問題に焦点をあて方針を示してきた。基本方向は一貫している

党規約改定以後の党大会・中央委員会の決定は、その時々の党活動が直面している問題に焦点を当てて方針を示していますが、基本方向は一貫したものです。

時間の関係で党大会ごと、中央委員会ごとに詳しく述べることはできませんが、私なりに、ごくスケッチ的に見てみたいと思います。

◆第22回党大会――

①〝いまなぜ党建設か〟――その国民的意義について、日本の社会進歩を促進するためには、不屈に先進的に奮闘する党が、どれだけの速度と規模でその力量を前進させるか。ここに、日本変革の事業の前途がかかっている。しかし、その到達点は、求められている水準――民主的政権を担いうる、国民の多数派を結集しうる党という水準にてらせば、あまりにも初歩的である。強大な日本共産党を建設することは、それ自体が国民的意義をもつ仕事であり、日本社会と日本国民に対する私たちの責任であることを明らかにした。

②党員拡大は「根幹」、機関紙活動は「中心」――この位置づけを明確にした。第17回党大会8中総（1987年8月）以来「党員拡大と機関紙拡大は二つの根幹」としてきた方針を是正した。

③第21回党大会が、21世紀の早い時期に民主連合政府を樹立する大事業を担いうる党建設の重点的な努力方向として示した六つの課題をより具体化して提起した。

④若い世代のなかでの活動を抜本的に強化し、若い世代を大胆に党に迎える。

◆第23回党大会――

①比例代表選挙を選挙戦はもとより、あらゆる党活動発展の軸にすえる。

②新しい綱領を決めるこの歴史的大会を新たな出発点として「どんな激動のもとでも選挙で勝てる強大な党」をつくる。

③21世紀をたたかう党をつくるうえで、党の歴史のなかでも、いまが党建設に思い切って力を入れるべき歴史的時期である。

④機関紙拡大では前回総選挙時比１３０％の陣地をつくる。党員拡大では50万の党をめざし、若い世代の結集をすすめる。

⑤第21回党大会が提起した６つの重点的課題にひきつづき努力することを示したうえで、とくに、国民の要求実現に献身する。理論的・政治的確信を全党のものにする。「支部が主役」の党づくり、選挙戦も「支部が主役」でとりくむ。党機関活動の改善と発展をすすめる。

◆第24回党大会――

⑥改定された新しい綱領を文字通り全党が深く身につけることを、この大会期の一大事業として位置づけてとりくみ、綱領的確信を全党のものにする。

①３つの角度から党建設の意義を改めて解明。
（ⅰ）強く大きな党を建設することは、わが党の前途にとって重要であるだけでなく、日本の進路と国民の利益にかかわる意義をもつもの。

（ⅱ）２００７年の２つの全国選挙で、わが党が前進をかちとる最大の保障。

（ⅲ）党の歴史には、党建設が決定的な意義をもつ特別の時期があるが、いまがその時期である。58年の第7回党大会で「五〇年問題」を解決し、61年の第8回党大会で綱領を確定して以後の党建設の前進は、歴史的意義をもつものとなった。１９５８年から１９７０年までの12年間に、党員は3万６０００人から30万人に、「赤旗」読者は4万７０００人から１８０万人という大発展をとげ、これが70年代の政治的躍進をきりひらく巨大な力となった。21世紀の新しい情勢のもとで、新しい綱領を手にしたいま、この綱領を力にして60年代に匹敵する党建設の大きな発展をかちとる意気込みで、いまこそこの課題に挑戦する。
②どのようにして党建設を本格的前進の軌道にのせるか、次の課題を提起した。
（ⅰ）すべての党員が綱領を学ぶことを党づくりの第一義的優先課題として位置づけてとりくむ。綱領学習は党員が自主的・自発的エネルギー（不屈性と先進性）を発揮して党活動に参加する知的・理論的源泉（土台）である。

（ⅱ）「政策と計画」をもった「支部が主役」の党づくりを党建設の要にすえる。この点で党中央の日常の指導と援助に中断があったことを反省。詳細な方針を提起した。

③労働運動の前進と職場支部の強化。長年きずいてきた陣地をひきつぐ後継者をつくることは焦眉の課題であり、それ自体が重大な階級闘争の課題である。職場に強大な党を建設することこそ、労働組合強化の保障であり、同時に、職場支部が労働組合強化の活動に積極的にとりくむことが、労働者との結びつきを強め、広げ、党の不抜の力を職場につくりあげることにつながるもの。

④若い世代のなかでの活動の強化と党建設。青年の切実な要求実現のためのたたかいを党として心から励まし、連帯し、大きく発展させる。青年・学生支部と民青同盟の活動のなかで、学習の比重を思い切って高めるとともに、党全体の力を結集して知的・理論的な援助に力をそそぐ。

◆第25回党大会――

①「比例を軸に」をつらぬき、「全国は一つ」の立場で奮闘し、比例代表選挙で650万票以上の得票をめざす。参議院選挙をたたかう活動方針の基本は、支部の「政策と計画」のなかに得票目標をしっかりと位置づけて、党員のもつ結びつきと要求にもとづく活動を根本課題として重視した「四つの原点」（本書、55ページ参照）の活動を「支部が

主役」でとりくむ。

②綱領実現をめざし、中期的展望に立った「成長・発展目標」をもって奮闘することを提起し、「支部が主役」が具体化の大原則であることを、党規約第40条(2)項に立って解明。

③「過渡的な情勢」を前にすすめる質量ともに強大な党建設を。

(ｉ)「政策と計画」をもった「支部が主役」の党づくり。

(ii)選挙戦で、どんな激しく厳しい条件のもとでも、ゆるがず前進できる強大な党をつくる。

(iii)綱領学習を中心とした党の質的建設。

④党の世代的継承のためのとりくみに、全党の特別の力を集中する必要。職場支部の活動強化と、青年・学生の革新的結集は〝車の両輪〟ともいうべき重要な課題とした。

⑤党機関の政治的力量と態勢の強化と、系統的な後継幹部づくりにとりくむ。

◆第25回党大会2中総決定（党大会決定にも匹敵する決定）――

①参議院選挙後退の総括で、党の自力の不足にこそ根本の問題があったことを明確にし、党の実態を三つの角度からリアルに示した。

(ｉ)党員の実態。党費納入62％、選挙活動参加5～6割、支部長のいない支部4・

8％、1カ月に一度も支部会議を開かない支部2割。

（ⅱ）読者の現状。後退傾向から脱していない。前回参議院選時比日刊紙94・7％、日曜版94・8％、合計140万人弱の読者の陣地で選挙をたたかった。

（ⅲ）党機関の体制。常勤体制の弱まり。地区の常勤常任委員は1997年の1376人から918人へと大きく減っている。常勤常任委員3人未満の地区が46・3％にまで増えている。常勤常任委員を一定数確保することが必要。財政活動の強化、あわせて補助指導機関の活用。非常勤をふくめた1万人を超える地区役員に依拠して「支部が主役」の活動をどうつくりだしていくかは、新しい挑戦課題。こうした党の実態を直視し、全党の知恵と力を結集して現状を打開することは、わが党が直面する最大の課題。21世紀の早い時期に民主連合政府を樹立するという目標を担いうる党への前進ができるかどうか、わが党はいま大きな岐路に立っている。

②党勢の新たな上げ潮をつくるために5つの挑戦をよびかけた。

（ⅰ）結びつきを基礎に「支部が主役」の党活動を発展させる。

（ⅱ）綱領的・世界観的確信を全党のものにする。

（ⅲ）党員拡大と「しんぶん赤旗」読者の拡大を持続的な前進の軌道にのせる。

（ⅳ）職場支部の活動を本格的前進の軌道にのせる。

(v)党のもつあらゆる力を結集して、青年・学生分野の前進をかちとる。

③中央を先頭に、党機関の指導と活動のあり方を抜本的に改革する。

(i)長期、多項目の「日報」、過度の電話による指導・点検を中央からただす。

(ii)実情をつかまず数字的な課題を押しつける傾向を一掃する。支部のおかれている状況を丸ごとつかみ、支部の自主性、自発性、創意を尊重し、自由闊達《かったつ》にのびのびと活動できるように指導・援助する。

(iii)政治抜きの実務指導を改める。

(iv)支部の悩みにこたえる。協力して解決する実践的指導・援助をおこなう。

(v)中間機関は「その地方で日本共産党を代表する党機関」として、地方政治の問題に責任をもつ。

(vi)非常勤を含めた1万人を超える地区役員を結集し、その力を引き出す。党機関でがんばる同志たちが人間的にも政治的にも魅力ある指導集団として輝くように努力する。

四　県・地区委員会はその地方・地域で日本共産党を代表する党機関として政治活動・国民運動を重視する

第21回党大会は、21世紀の早い時期に民主連合政府の実現をめざす党建設の努力方向の第1の問題として、県委員会・地区委員会が、党の内部指導にとどまらず「その地方・地域で日本共産党を代表する党機関」として政治活動、国民運動を重視し積極的に取り組むことを提起しました。以来一貫してこの問題を重視してきました。

この問題について、第21回党大会直後の97年11月に開かれた、全国都道府県委員長・書記長会議で不破委員長（当時）は、「これまでだったら、党機関の任務としては党をいかに指導するかということがまずあって、同時に党機関は各地方での党の代表なんだから政治活動も軽くみてはいけないという程度の書き方をしたものです。しかしそこをあらためて、第一に、その地方、地域で日本共産党を代表しての政治活動、大衆活動を重視する、これを支部までふくめて党建設の重点方向の第一においたというところに、注目してほしいと思います。そういう機関に発展し、そういう支部に発展しないと、この激動の時代に任務を果たせないという提起なんです」と報告しています。

これまでだったら党機関の任務は、党の内部指導にかかわる問題が第1におかれていました。そのような考え方を改めて、党を代表しての政治活動、国民運動を、支部も含めて党建設の努力方向の第1に置いたということに注目してほしいと注意を喚起しています。また、そういう党機関、支部に発展しないと激動の時代に任務が果たせないということを強調しているのです。

この県委員長・書記長会議で不破さんが提起して、第21回党大会が党建設の重点的努力方向の第1にあげたこの点について、しっかりとつかんでいただきたいと思います。政治活動、国民運動を重視するこの立場は、政党として国民に責任をもつということです。「国民・住民の悩みや苦難・要求あるところに日本共産党あり」という党の原点や党の存在意義にかかわっています。国民・住民の様々な要求や苦難の解決のために国民・住民とともに活動する。そのなかでこそ国民は、実際の体験を通じて党を理解し支持するようになり、政治を根本から変えなければならないことも理解していただけることになるでしょう。

私たちは国民の多数の支持を得て日本の政治の変革をめざしています。そのためにも国民の苦難解決に誠実にとりくむことは党活動の根本問題だと思います。また党員も、日本共産党としての自分たちの活動が、国民のために役立っているということを実感したとき、党員としての誇りと確信をもつことができます。党機関にとっても支部にとっても、政治活動、国民運動を第1の任務としてとりくむことが、日本共産党の活動の根本をなすものなのです。

この立場から第22回党大会（２０００年11月）でおこなった党規約改定では、第31条で都道府県委員会の、第36条で地区委員会の任務として、それぞれ第1番目が、その都道府県、地域で「党を代表し、党組織を指導する」ことにあると簡潔に明記しました。

1　全国的な国民運動の課題とともに、身近な要求運動にも積極的にとりくむ

そのためにも県・地区委員会は、第1に、全国的な政治課題や国民運動にとりくむとともに、身近な要求運動にも積極的にとりくむことが大事です。

志位委員長は、党創立92周年の記念講演（2014年7月）で、安倍政権打倒の国民的大運動を呼びかけ、国政の緊急の4つの転換――第1に「海外で戦争する国」づくりを中止し、憲法9条を生かした平和な日本に転換する、第2に暮らし破壊の「逆立ち」経済をただし、暮らし第一で日本経済を再生する、第3に原発再稼働を許さず、「原発ゼロの日本」に転換する、第4に米軍新基地建設をストップし、基地のない平和な沖縄を実現する――を提起し、それぞれの分野で、一致点にもとづく共闘――「一点共闘」を広げに広げ、それを安倍政権打倒の国民的大運動へ大合流させようと訴えました。県・地区委員会もこの呼びかけにこたえて、このたたかいに積極的にとりくまなければなりません（**注**）。

（**注**）　日本共産党は、この講演で提起した4つの転換を、2014年12月の総選挙では、

具体的な政治状況に合わせて、さらに政策を発展させて「5つの転換」を訴えました。それは、①消費税10％は、「先送り」実施ではなく、きっぱり中止をする、②格差拡大の「アベノミクス」の暴走をストップし、暮らし第一への転換で経済をたてなおす、③「海外で戦争する国」づくりを許さず、憲法9条の精神に立った外交戦略で平和と安定を築く、④原発再稼働ストップさせ、「原発ゼロ」の日本をつくろう、⑤米軍の新基地建設を中止し、基地のない平和で豊かな沖縄をつくる、です。

こうした全国的な政治課題、たたかいにとりくむとともに、地域で起きている様々な要求での住民運動やたたかいにも、大いに関心をもってとりくむこと、生活相談など、身近な要求や悩みの解決にも積極的にとりくむことが大切です。いま、いっせい地方選挙をたたかうところでは、住民アンケートにとりくんでいます。このアンケートがこれまでよりもたくさん返事が寄せられていること、安倍政権の「亡国の政治」にたいする怒りや悲痛な訴え、要求の切実さをアンケート用紙にびっしりと書いてきているのが特徴であるということが、共通しています。これらを整理するだけでも、選挙政策ができるような要求が集まっています。

こういう問題も、党機関が議員（団）だけに任せず、党機関として住民要求をつかみ、支部とともに住民運動や対自治体闘争として組織していくとか、あるいは現に起こっている住民運動や市民運動に、党が積極的に参加していくということが、大事だと思います。

2　地方政治に責任をもって対応する。地方議員（団）との協力と指導
――党規約第44条

地方政治に責任をもった議員（団）との協力

日常的に地方政治に関心を持ち、とりくむようにすることも、県・地区委員会の大事な任務です。

実際、県・地区委員会が、地方・地域での政治活動、住民運動、要求運動をすすめるという場合に、地方政治とのかかわりが多く出てきます。ここでの活動を強化することは、党機関の重要な任務であるし、身近な有権者にたいする党の責任を果たす問題であり、まさに党の真価が、全有権者規模でためされる分野です。党機関の一部には、地方政治の問題に本格的にとりくむのは4年に一度だけ、選挙のときだけという傾向もみられます。しかし、現実には、多くの有権者は国政にたいする期待だけでなく、地方政治の分野でも日本共産党が何をやってくれるのか、注目し、関心をもって見守っています。この点で、党機関が地方政治に責任をもって対応することの重要性について、第21回党大会報告で次のように述べています。

「現実には多くの有権者が、国政革新への期待もふくめて、身近な地方政治の分野で、日本共産党が何をやるだろうか、このことをひろく見まもっています。そこで起こってくる諸問題にたいして、住民の利益を代表して必要な対応をし、必要な努力をするというのは、党機関の重要な任務であります。ましてや地方議員、地方議員団への指導と援助が任務であるということは、党規約にも明記されているとおりであります。

そしてこれは、党が有権者にたいして直接の責務を負っている問題であります。もしも、自分が責任を負っている自治体で何が起こっているかについて無関心で過ごしている党機関があったとしたら、これは、党を政治的に代表する機関としては失格だということを銘記していただきたいと思います。まさに、日本共産党の真価が、全有権者の規模でためされる分野として、地方政治へのとりくみを徹底的に重視することを強調したいのであります」（『前衛』大会特集号、74～75ページ）。

第26回党大会決議も、党機関の指導改善・強化の問題の一つとして、地方政治に責任を負うことを強調し、具体的な問題として、「党機関は、適切な単位の党議員団を確立し、すべての議員が政治討議と学習をつよめて活動水準を高め、市民道徳と社会的道義をまもり、支部と力をあわせて要求実現と党建設を前進させるよう援助を行う。同時に、議員の側からも、その悩みを率直に党機関に提起し、困難や矛盾を解決するために努力をはらう。議員と党機関が、心を開いて何でも相談できる関係を築くことが大切である」（『前衛』大会特集号、45ページ）ことを改めて提起しています。

党規約第44条には「各級地方自治体の議会に選挙された党の議員は、適切な単位で必ず党議員団を構成する。すべての議員は、原則として議員団で日常の党生活をおこなう。党議員団は、対応する指導機関の指導のもとに活動する」「都道府県委員会および地区委員会は、地方議員および地方議員団を責任をもって指導する」と明記されています。

地方議会でいま何が問題になっているのか、住民の関心の高い問題や住民の生活に深いかかわりのあるような大事な問題では、各党はどういう態度をとっているのか、わが党議員（団）はどういう対応をしているのか、またとるべきであるのかについて、県・地区機関は、論議もし、指導する責任があります。こうしたことが案外議員まかせで、党機関として集団の認識になっていないことがあるのではないかと思います。

「適切な単位で必ず党議員団を構成する」問題ですが、都道府県議会議員の場合、1人議員のところが17道県あって、この場合は議員団を構成することはできません。ですから、県常任委員会が責任をもって指導する必要があります。可能な限り県議会議員の同志を常任委員に選出して政治討議に参加できるようにすることが望ましいのです。議会対策で大事な問題は、当然常任委員会で討議しなければなりません（これは1人議員のところだけの問題でありません）。日常の議会対策は自治体部など適切な同志たちで相談できる体制をつくるべきだと思います。

ごく一部の県ですが、県議会議員の方が、選出された選挙区の市議団に加わっているところがありますが、県議の場合、1人であっても全県的視野に立って活動することが求められます。市議団に加わっていたのでは、選出された選挙区のことだけしか視野に入らないことになりかねません。検討が必要ではないかと思います。

市・町・村議会の場合、1人か2人しか議員がいないところが少なくありません。したがって第22回党大会の規約改定で、「適切な単位で必ず党議員団を構成する。すべての議員は、原則として議員団で日常の党生活をおこなう」としました。「議員団に属さずに1人で活動するという議員の同志は1人もいないようにする」ための改定でした。適切な単位とは、郡単位とか、「広域行政区」単位とか、できるだけ日常の活動で関連性のある単位で、議員数などの条件を考えて構成することです。議員団の構成について、機械的にこうすべきとはいわずに「適切な単位」といっているのは、日常の議員団の活動をすすめていくうえで、どのような単位で構成するのが一番理にかなっているのかということを、それぞれの条件に合わせてよく考えて議員団を構成する必要がある、ということにあります。

議員（団）の党生活確立を重視した援助

議員（団）の活動のあり方として、議会対策を第一義的にとりくむことは当然です。議員（団）として、議会にのぞむ態度について、かならず討議するということは、大事なことです。しかし、議員団を構成しているところでも、党中央の決定をはじめ、県・地区の決定などを、まったく討議しないという傾向が残されています。議員団を構成することは、議員の日常の党生活を築く保障となるわけですから、きちんと団を構成して、そこで党生活を確立し、中央委員会の決定も討議するし、学習にもとりくむようになることが重要なのです。綱領や科学的社会主義についての学習に力を入れる必要がありますが、じっさいはどうなっているでしょうか。議員の方ほどやっていただく必要があると思います。

なぜかといえば、議員のみなさんは、日常の対自治体闘争の先頭にたって議会で論戦をやるわけですから、その際、一番綱領とともに党中央の決定や政策を身につける必要があります。また、党の考え方の基礎となる科学的社会主義の思想についても新しい解明などもあるわけですし、古典などは読めば読むほど考えが深まっていく性質のものです。それらを身につけることで、具体的にそれぞれの議会の諸問題に対応できる能力・水準を高めることができます。そうしてこそ、日本共産党の議員として真価を発揮できるのです。

党規約第44条でいわれているように、県・地区委員会が「地方議員団を責任をもって指導する」中身として、このような議員団の党生活の確立を重視し援助してほしいと思います。ところが県・地区委員会が、議員団会議にでてくると党勢拡大だけ強調して、どれだけ増やすのか、どうやるのかだけの指導になっていて、議員（団）として議会でどんな対応をするのかということについてはあまり関心をもってもらえない、との意見を議員の方の側からいろいろと聞かされます。一方、機関の方の側からは、議員（団）は議会の対策は熱心だが、大会決定や中央委員会の決定をふまえて、実践の先頭に立つことにはあまり関心をもってくれないと、双方で不満を抱えている状態が結構あります。

ですから、党機関はもちろん、議員（団）も地方政治に責任をもった活動を議会内外で積極的に展開していく必要があるのですから、前述のような党生活・党活動をお互いに築いていく努力が大切になってくると思います。そのことがまた、住民のあいだで日本共産党と議員団への権威を大いに高めることになり、党勢拡大の条件を広げていくことにつながるわけですから、双方から、議員団を構成して党生活を確立し奮闘することの大事さを重視していただきたいのです。

議員（団）にとって、市民道徳や社会的道義を守ることも重要な問題です。第26回党大会のこの指摘は大変大事な問題です。残念なことですが、党議員が市民道徳や社会的道義に反する行為をおこない、その結果、議席を失うという例も生まれています。苦労して当選できた議員がこうしたことで議席を失うことは、住民・有権者の党への信頼を失う結果となります。当選のために奮闘した支部や党員、後援会員、支持者の落胆ははかり知れません。

こういう結果を招く要因には、いろいろ理由はあります。何期も当選を重ねたベテラン議員が不祥事を起こした問題では、ベテラン議員であってもきちんと党生活が確立できていないと、知らず知らずのうちに増長し、過信し、党の決定などをあまり尊重しなくなり、自分は何でもやれるのだという気分で党員らしさが失われ逸脱していくケースが少なからずあります。

お互いに切磋琢磨《せっさたくま》できる集団での党生活をきちっと確立すること、綱領や決定を身につける学習が日常的におこなわれていけば、そういう逸脱をみんなの力で未然に防いでいくことを可能にすることができます。その意味で、党生活の確立が大事です。

党機関の指導でも、ベテラン議員への遠慮があって、「まずいなあ」と気づくことがあっても率直に批判もせず、表面化した時には手の打ちようがなくなっているなどの問題もあります。何期も議員をやってきている同志は、場合によっては地区委員長よりも党歴も先輩であったり、地域でも大きな存在になっていたりということで、いろいろと問題があっても率直な批判を手控えてしまうということがありますが、やはり、議員団は対応する党機関の指導を受けて活動するという党規約上の精神をふまえて、党機関はしっかり指導責任を果たしていくことが大事です。

もう一つは、候補者の選考にあたって、安易に候補者を決めている例がみられるということです。とくに、候補者選考が切羽詰まった段階になるため、他の県や地区から転入してきて間がなく経歴もよくわからないのに、転出した党組織に照会してよく聞くこともしないで、「時間がない」ということで候補者に決めて当選させた後で、いろいろ問題があり、議員にすべき同志でなかったことがわかったとか、また、日常の生活態度について世間でとかく批判されている同志を候補者にして当選させてから、その弱点が大きな問題になったなどの例が少なくありません。

これらの例からも明らかなように、候補者選考を安易にしないことです。経歴のよくわからないままで候補者には決めないこと、くりかえし強調されているように、候補者を決定する際には、能力も大事ですが、ある意味それ以上に品性を重視して選考することが大事です。生活態度、職場での仕事の態度などを、日常接している人の意見を聞けば、おおよその判断はできます。候補者に決め当選させてから、問題が起きて対処しなければならなくなったとき、有権者の信頼を失い、党が受ける打撃の大きさを考えれば、「時間がない」と安易に候補者を決めることはあってはならないと思います。

先に、1983年のいっせい地方選挙で県議全区立候補に挑戦した時の経験を話しましたが（本書、39ページ）、生活態度や党生活がしっかりしていて、党派性のある同志であれば、活動経験は浅くても候補者として、また議員として成長できます。その点ではためらいなく、大胆に候補者を決めることです。

議員（団）の指導について

議員（団）をどう指導するかということになると、地区によって条件はまちまちですから一概には言えません。たとえば地区委員会の場合、東京23区など地区に議員団が一つしか存在しないところもありますが、一つの地区で30を超える自治体を抱えるところもあるなどがあるからです。

多くの自治体を抱える地区委員会の場合、一つひとつの議会の問題を地区委員会が日常的にすべて掌握して指導することは大変困難です。そうしたところでは、党規約第18条による補助指導機関としての市・区・町・村委員会を確立し、そこには議員にも参加してもらい、議会で問題になっていること、それへの党議員のとるべき態度について討議する。また住民が自治体に対してどのような要求をもっているか、どんな運動が起きているか、支部や党員がつかんでいる問題も出し合い、議員（団）は議会でどうとりあげればよいか、よく相談することもとても大事です。

補助指導機関をきちんと確立して、党規約第18条が強調しているように、そこの自治体に存在するいくつかの支部と議員とが一体となって協力し、対自治体闘争にとりくむように留意していくことです。補助指導機関の会議では、議員からは、議会で焦点になっている問題や起っている問題などでの、党の対応や他党の態度などが報告されます。支部からは住民のあいだでこういう要求がだされていると紹介されます。このように議員や支部、運動団体の幹部などから対自治体に関する意見が活発にだされると、議員と支部が一体で、共同して自治体にむけたとりくみをやろうという自覚と意欲が生まれてきます。

同時に、一人議員の自治体であっても、補助指導機関のなかでそうした関係をつくることによって、集団のなかで、議員が支部に支えられて活動するし、また議員は支部を援助するという関係が、築かれていくという面も生まれてくると思います。補助指導機関を正しく活用することによって、議員の議会でのがんばりと、党組織の自治体に対する要求運動が一体となって進むと思います。

補助指導機関で、議会の対応などの問題を議論しても、そこですべて自己完結的に解決をはかるということではありません。「これでいいのかな」「どうしたらいいのか」など、いろいろと意見が分かれるときもあります。そういうときには、地区委員会に相談するとか、あるいは県委員会に相談することが大切です。多くの県には議員の相談室が中央の援助で配置されていて、かつて議員だったベテランの同志などが日常的に議員の窓口になって対応する制度も取られています。中央にもかつて議員だったベテランの同志や自治体活動で蓄積した知恵をもっている同志の力もいかして、議員相談室を設けて、日常的に窓口を開いています。電話でいつでも相談できる体制をとっているわけですから、そういうところに相談して知恵も借りて対応していく。場合によっては、地区や県の常任委員会で論議してもらって正確に対応できるようにしていくことも大切です。

そのようなことを通じて、地区委員会と補助指導機関が一体で、党規約第18条どおりの補助指導機関の活動を切り開いていく契機になると思います。補助指導機関の問題は後でも触れますが、この活動では一体となることが大事なのです。

3 さまざまな要求にもとづく一致点での共闘（「一点共闘」）への努力

要求の一致する点で共同闘争に努力していく問題は、いま、どの都道府県委員会、地区委員会でも、そのたたかいの端緒が切り開かれてきています。この「一点共闘」をいっそう発展させていくことが大事です。この課題は、党機関にとっては特に重要な任務です。この共闘を築くことで、これまでつきあいのなかった保守的な団体や保守・無党派層の人々とも気軽に話し合い、交流することができるようになり、広がってきていることは、非常に意義のあることです。ここをいっそうつよめていくことは、統一戦線の発展をめざしてとりくむ大事な課題として、大会決議でも位置づけています。

第26回党大会決議では、第25回党大会以降の特徴として、「この数年来、原発、ＴＰＰ、消費税、憲法、米軍基地など、国政の根幹にかかわる問題で、一致点にもとづく共同――『一点共闘』が大きな広がりをもって発展している」ことを「未来ある画期的な動き」と述べ、「この動きを発展させ、日本を変える統一戦線をつくりあげていく」ことを展望して、次にあげる4つの点に留意してとりくむことを強調しています（『前衛』大会特集号、40ページ）。

①「一点共闘」の発展のために誠実に力をつくす。

②革新懇運動の発展に思い切って力をそそぐ。
③労働運動の階級的・民主的強化に知恵と力をつくす。
④政党戦線における前向きの変化を起こす決定的条件は、日本共産党の躍進にある。

「躍進月間」を提起した今年（２０１４年）５月15日の幹部会決議でも、「一点共闘」を発展させながら、互いに連帯して大きな国民的共同の流れをつくりだし、「日本を変える」統一戦線に発展させることを訴えています。さらに党創立92周年の記念講演で志位委員長が「一点共闘」を広げに広げ、それを安倍政権打倒の国民的大運動へ大合流させようと訴えたことは先ほども紹介したとおりです（本書、96ページ）。

さらに、「一点共闘」への努力をすすめていくにあたって、国政にかかわる問題だけでなく、地方・地域で取り組まれているさまざまな要求にもとづく住民運動や要求活動にも関心・注意をはらい、一致点にもとづく共同への努力をつよめることも、大切にしてほしいと思います。

4　革新懇運動を重視する

「一点共闘」のところで紹介しましたが、第26回党大会報告では、革新懇運動について、大事な点を3つの角度で提起しています。

1つは「一点共闘」と革新懇運動の存在と役割ですが、次のように述べています。「どの『一点共闘』も、その掲げている要求を本気で実現しようとすれば、『二つの異常』を特徴とする自民党政治の根本の枠組みにつきあたらざるをえません。そのときに、全国で800の地域・職場・青年革新懇が草の根で活動している、革新懇運動の存在はきわめて重要となっています。革新懇運動は、草の根のレベルで、多くの課題での『一点共闘』に参加しており、『一点共闘』が互いに連帯する『要』としての役割を発揮しています。同時に、『一点共闘』が日本の政治を変える統一戦線に発展していくうえで『架け橋』としての役割を発揮しています」。

2つ目は、革新懇運動の魅力の源泉についてです。「『革新懇運動では狭くなる』という意見が一部にあります。しかし、革新懇運動は、草の根から国民の要求にもとづく多彩な共同の取り組みをすすめることと、自民党政治を根本から変える『三つの共同目標』を掲げて国民的合意をつくることを、一体的に追求しているところに、その魅力の源泉があります」と述べています。

そして3つ目は、広大な国民を結集する運動であるということです。この点について、「一つの要求でも、あるいは『共同目標』のうちの一つでも、一致するならば、それをとりあげて運動に取り組むのが革新懇運動なのであります。革新懇運動は、最も広大な国民を結集しうる運動だということを、私〔志位委員長のこと〕は、強調したい」と述べています。そして最後に、「この運動の提唱者の党として、革新懇運動の大きな発展のために思い切って力をそそぐことを、心からよびかける」（『前衛』大会特集号、84～85ページ）としめくくっています。

すべての都道府県に革新懇はつくられていますが、その活動状況はいろいろです。日常的に系統的に活発に活動しているところは多いのですが、一部の県では日常的・系統的な活動が弱いところもあります。地区段階では革新懇がまだ結成されていないところもあります。学区に革新懇がつくられて活動している地域もありますが、それはまだごく一部にすぎません。党大会報告が強調しているように、網の目のように革新懇をつくって運動を広げていくことは、日本における統一戦線をつくりあげていく大事な運動です。

いまの政党状況のなかで、統一戦線の相手になるような政党は、残念ながら存在していないもとで、草の根から一致する要求にもとづく協力・共同の組織がつくられることを通じて、やがてそれが広大な統一戦線に向かって進んでいくという、そういう大きな流れのなかで、やがて政党のなかにも統一戦線に参加しうる政党も生まれてくるでしょう。そういう展望をもって、われわれは取り組んでいるわけです。

今の段階での統一戦線運動の核になるものとして革新懇運動を位置づけて、党大会のよびかけにこたえて、すべての地区、自治体・行政区に、多くの地域・職場に革新懇をつくり、日常的・系統的に活動するように、県・地区委員会が位置づけて努力を強めることが重要だと思います。

同時に憲法が大きな問題になっている今日の情勢のもとでは、活発に活動している「九条の会」の一翼を担って活動を活性化するとともに、保守的立場の人たちとも協力して「九条の会」を網の目に組織していくことも大事です。

5 運動団体との交流と協力を日常的に大事にする

「一点共闘」をとりくむなかで、県・地区委員会が、民主団体はもちろんのこと、これまであまり交流のなかった保守的な団体などとの交流が、さまざまな形態ですすめられています。このことは大変重要なことです。激動の情勢ですから、これまで交流がなかった新しい諸団体との交流を大胆に広げていくことが必要なのです。今後いっそう強めていきましょう。

もう一点、とくに強調しておきたいことがあります。自覚的な民主団体との交流です。革新懇運動を支える自覚的な民主団体の中心幹部として党員が活動している場合に、グループを通じての指導になりがちです。もちろんグループをきちんと指導することは必要なことですが、それだけにすまさないで、民主団体、国民運動団体を私たちの共同の相手として尊重するという観点の重要性です。各団体は、それぞれの団体として独自の要求や課題をもって活動しているのですから、その独自の立場をもつ団体と意見交換や交流をおこなうのだということを心がけていくことが大事です。

党中央自身も、自覚的民主勢力との関係では、グループへの指導については、対応する専門部が責任をもったり、場合によっては、中央関係のグループの全員に集まってもらって、大会決定とか中央委員会決定の徹底をはかるとか、「躍進月間」などのときには党勢拡大の交流をやるなど、精力的におこなっています。同時に、それにとどめずに、そういう団体を委員長や書記局長などが先頭に立って訪問し、いろいろな申し入れやお互いの関心のある問題での意見交換などを、対等の立場で交流しています。

また、いまの情勢のなかでは、保守的な団体であるとか、保守的な人々、かつては自民党籍があった人、いまでも党籍があるような人でも、わが党との関係において、いろんな問題で一致し共同できる状況が広がっています。中央でいえば、「しんぶん赤旗」に自民党の元幹事長経験者の方がつぎつぎと登場しているように、そういう状況は地方の各団体・個人にもあるわけで、こうしたところとの交流も、ひきつづき積極的にしていただきたいと思います。

6　県・地区委員会の自治権の問題――地方・地区的性質の問題は自主的に対処する――党規約第17条、第31条（3）項、第36条（3）項

地方党機関の自治権の問題は、党規約で、地方的な問題は都道府県委員会が自治的に処理す

る、地区的な問題は地区委員会が自治的に処理するということを明記しています。第17条では、「地方的な性質の問題については、その地方の実情に応じて、都道府県機関と地区機関で自治的に処理する」と規定しています。第31条では、都道府県委員会の任務として第3項で、「地方的な問題は、その地方の実情に応じて、自主的に処理する」、第36条では地区委員会の任務の第3項で、「地区的な問題は、その地区の実情に応じて、自主的に処理する」というように、党規約上で明確にしました。

ここで、なぜ31条や36条で「自主的に処理する」としているのに、17条で「自治的」という言葉をつかっているのかについて注意を向けて下さい。第22回党大会での党規約改定の報告では、「自治的」にしても、「自主的に処理する」という表現にしても、「中身は同じ」としたうえで、問題をより鮮明にとらえられるようにするために党規約第3章の党の組織の運営全体を述べるところで、先ほど紹介した第17条で「地方的な性質の問題については……都道府県機関と地区機関で自治的に処理する」と、あえて「自治」という言葉を使ったとしています(『前衛』大会特集号、130ページ)。

地方的な問題を地方機関が自主的に処理するということは、これまでの規約もそうなっていたのですが、実際問題として、なかなかその趣旨どおりに進まない実態がありました。いろいろな政治問題が起こったとき、中央委員会に相談した方が早いといった空気が結構あって、なかなか自主・自治の規定が貫徹しないということがしばしばありました。

このようなことをふまえて、党の新しい発展段階にふさわしく、この問題をより鮮明に打ち出すという意味で、第17条でそれを明記したわけです。

地方党機関の自治的な権限を発揮し、地方の問題について、自主的に処理するためには、県・地区委員会の政治的力量、能力を高める努力なしには正確に対処することはできません。常任委員会や、三役会議などで真剣に検討し結論を出すことに心掛けて下さい。同時に、よく論議、検討しても自信のもてる結論が出せないこともあります。その時は遠慮せずに上級機関に、地区委員会は県委員会に、県委員会は党中央に助言を求めることです。改定報告で「事前に相談されて助言する努力を惜しむものではありません」（同前、131ページ）と述べているように、相談されたら党中央は、「そんなことは自治にかかわることだから自分たちで考えるべきだ」と突き放すようなことはしていません。必ず相談に乗り助言するように努力をしています。

ただ困るのは中央に助言を求めるときに、県委員長や常任委員会で検討し「こう対処したいと思うが、確信がもてない、これでよいだろうか」という相談ならよいのですが、自分たちで検討せず、考えももたないで、「どうしたらよいか」という相談がくることです。これではいつまでたっても、自主的・自治的に対処する力はつかないと思います。

また、党規約第21条で、中央委員会の任務を規定して、その（7）項で「地方党組織の権限に属する問題でも、必要な助言をおこなうことができる」としています。そして同じように党規約第31条の都道府県委員会の任務のところでは、（5）項で「地区党組織の権限に属する問題でも、必要な助言をおこなうことができる」とあります。これは中央や都道府県、そして地区党組織との関係で、双方向・循環型でおたがいに努力していくことが大事だということを示したものです。相談がなくても、見ていて心配になり、「このままにしておいたら大変なことになる」と判断した場合は、実情もよくつかみ当該機関の意見もよく聞いて、必要と判断した時には、上級機関が助言することもあるという意味です。

最近ある県委員会で、次のような問題が起きました。地区党会議で新しい地区委員会が選出され、第1回の地区委員会総会で、県委員にも選ばれていない同志が地区委員長に選出されました。県委員会はまさかその同志が地区委員長に選出されるとは思っていませんでした。地区党会議が終わってから知ったということでした。

地区の人事は地区委員会の「自治の問題」であり、自主的に判断することは党規約上なんら問題はありません。しかし、誰が地区委員長に選出されるかは、県党の大事な幹部政策の問題であり、県委員会をどのように構成するかということにもかかわります。これは同時に、県・地区の機関運営にも直接かかわってきます。

それだけに、県党会議を開く前に、県指導部と地区指導部のあいだで、次期地区委員長をだれにするのが地区党にとって適切か、ということは協議しておくべきことだったと思います。「自治権の問題だから誰が地区委員長に選ばれようと関知しない」というのは、党規約にもとづく都道府県委員会の任務に照らして正しい考え方ではありません。

党規約第21条の中央委員会の任務の（4）項に「国際問題および全国にかかわる問題について処理する責任をおう」とあるように、国際問題や全国的問題については、必ず中央委員会の指導を受けて対処することが必要です。国際問題や全国的性質の問題について、県・地区が独自の判断で見解を発表したりすれば、自民党や民主党と同じことになり、党の統一が破壊され、国民に対する責任を果たすことができなくなります。

全県的性質の問題は県委員会の指導をうけて対処することは、党規約第31条（1）項に都道府県委員会の任務として「都道府県の党組織を指導する」とあるとおりです。

7　県・地区委員長は、地方・地域で党を代表する党機関の責任者としての自覚をもって

県・地区委員長は、日常不断に、その地方・地域で日本共産党を代表する党機関の責任者としての自覚をもって活動することについて次に話します。

1つは、「団結の中心になる」ところでものべたことですが、県・地区委員会がとりくむ政治活動、要求運動、宣伝活動などに先頭に立ってとりくむよう心がけることです（本書、52～53ページ）。そのことによって、なにより支部と党員を励ますことができます。同時に、現場で国民の動向を生《なま》でつかみ、また支部や党員の活動状況もじかにつかむこともでき、指導に生

かすことができます。

いま一つの問題は、県・地区委員会はその地方・地域で国民、住民に開かれた党機関として事務所を置いていることにかかわります。党員はもちろん、後援会員、支持者が、また住民が気軽に出入りでき、相談できる事務所にすることが大事です。事務所の整理・整頓がおこなわれず、足の踏み場もないような状況で、党員や支持者が訪ねてきても、座る場所もないという事務所がありますが、それもこの問題にかかわって見過ごせないことです。中央から選挙応援に行ったオルグの最初の仕事が、事務所の掃除と整理・整頓で、支部の同志たちが事務所に来られるようにすることから活動がはじまった、という例もありました。広い事務所のところ、狭い事務所のところといった違いがありますが、狭ければ狭いなりに、きちんと整理・整頓もし、掃除もして、気持ちよく入れる事務所にすることです。

また党員や支持者から党中央に訴えのある問題には、〝事務所で仕事をしている幹部や勤務員の人たちの愛想が悪い。集めた党費や紙・誌代を持っていっても、担当者が実務的に応対するだけで、他の人は振り向きもしないし、あいさつもしない。支部や党員の活動の状況や苦労を聞くとか、ねぎらうという気がまったく感じられない。事務所に行く気がしない〟というものが結構多いのです。

少人数でがんばっていて忙しいという事情があるだろうと思いますが、党員や支持者が気軽に、気持ちよく出入りできる事務所にすることは、活動の前進にとって大事なことなのです。

支部からは誰も訪ねてこないという事務所では、その地区委員会の活気が感じられないでしょう。一方、支部や党外の人たちが気軽に出入りして、そこでいろんな懇談がされている、いろんな話し合いがされているところは、勤務員の人たちも元気だし、そこの党組織全体に活気があります。支部と地区との関係も、非常にうまくいっているという感じがします。

さらに現在は、「一点共闘」で広範な団体や人々と交流を深める努力を強めています。広範な団体の代表や、人々が党事務所を訪問される機会も増えます。それだけに党事務所の整理・整頓、掃除を日常的におこない、電話での対応や来訪者に礼儀正しく対応する、お茶ぐらいは出すなどの努力は、たいへん大事な問題です。

県・地区委員長が市民的・民主的マナーを身につけ、率先して実行することに気配りをしてほしいと思います。

五　「政策と計画」をもち、「支部が主役」の自主的、自覚的活動を軌道にのせることは党建設の要をなす問題

支部が「政策と計画」をもち、「支部が主役」で自主的、自覚的に活動することは、第８回党大会（１９６１年７月）以来一貫して追求してきた、党建設の基本方向であり、また、党建設の前進を切り開いてきた、試されずみの方針です。

「政策と計画」をもった活動を全党運動としてとりくむことを提起したのは、第９回党大会３中総（１９６５年９月）ですが、このときは中央委員会から支部に手紙をだして、すべての支部が「政策と計画」をもって活動しようとよびかけました。

これよりも早く、計画的な党建設をしようとよびかけたのは、すでに紹介した第７回党大会６中総での党勢倍加運動がはじまりで、このときは中央の手紙に97％くらいの支部が返事を書いて、党勢拡大の計画をもって応えました。いまでいえば、この中央への返事が「政策と計画」に当たるわけですが、このようにして党員を倍加し、読者を増やしてきました。

このとき以来、党建設を計画的に前進させるとりくみ、とりわけ第８回党大会で綱領を確定

したもとで、党大会で党勢拡大の「総合計画」を中央が提起し、これにこたえて各県・地区が「総合計画」を具体化したのです。当時は、「2カ年計画」あるいは「3カ年計画」という形でもち、支部も「政策と計画」ということで具体化してきました。第7回党大会期の党勢拡大運動では、要求活動と党勢拡大を相乗的にとりくむことを「二本足の活動」と位置づけました（1960年全国活動者会議）が、全党が計画的な党勢拡大をすすめるうえで、この「二本足の活動」に執念を燃やして取り組んできたことが、60年代の党躍進の底力となりました。

「政策と計画」をもった活動という方針が、第9回党大会3中総で党活動の大原則として打ち出されてきたのも、こうした党活動の発展があったなかでのものです。いまは用語的に「二本足」という表現は適切でないとして、要求活動と党勢拡大を「車の両輪」の活動としています。

この「政策と計画」をもった活動という方針をいま、21世紀の党づくりの根本にすえ、さらに発展させる必要があるということで、第22回党大会での党規約改定以来、改めて党建設の基本方向として重視し、力を入れています。この8月3日（2014年）の幹部会決議でも、「党建設の持続的発展をかちとる最大のカギは何か。それは、『支部が主役』で『政策と計画』をもった自覚的な活動に取り組む支部を、全党の大勢にしていく仕事に、うまずたゆまず取り組むことです」と、党建設の持続的発展をかちとる最大のカギとして、その重要性について明らかにしています。

なぜ「支部が主役」で「政策と計画」をもった活動を全党の大勢にすることが、党建設の要であり、党建設の持続的前進の最大のカギなのかについて、過去の決定に立ち返りながら、少し話しておきたいと思います。

1　支部は党の基礎組織――党規約第12条。職場、地域、学園で日本共産党を代表して活動する――党規約第38条

党規約第12条では、「党は、職場、地域、学園につくられる支部を基礎とし、基本的には、支部――地区――都道府県――中央という形で組織される」と、基礎組織である支部の位置づけを明確にしました。第38条にも「支部は、党の基礎組織であり、それぞれの職場、地域、学園で党を代表して活動する」と支部の性格について明記しています。支部は党のたんなる下部組織ではなく、草の根で日常的に国民と結びつき活動しているという位置づけです。その支部を基礎にして党全体が形つくられているということです。

中央から支部にいたる党機関・党組織の相互関係は、共通の事業に携わるもののあいだでの任務と機能の分担

第22回党大会の党規約改定報告では、中央委員会から支部にいたる党機関・党組織の相互関係について、「基本的には、共通の事業に携わるもののあいだでの任務の分担、機能の分担という関係であります。職責によって責任の重さ、広さという違いはありますが、その関係は規約に規定された組織上の関係であって、身分的な序列を意味するものではありません」（『前衛』大会特集号、132ページ）とのべています。党規約上で、支部を基礎にして党全体がなりたっていると明記しているのです。支部と地区の関係、地区と県の関係、県と中央の関係、あるいは党全体の関係は、身分的に、中央が一番偉くて、支部は一番下の組織だから中央などの指示に従って活動する部署だという位置づけではありません。あくまでも支部を基礎にして党はなりたっており、支部、地区、県、中央というのは、党規約できめられた組織上の任務分担という関係であること、単なる上下関係ではないということを、党の基本的な組織の性格として規約上位置づけているということです。したがって、「支部は基礎組織」という意味は、本当に重いのです。

党規約第38条には、職場、地域、学園などに3人以上の党員のいるところに支部が組織されると明記されています。現在30万人を超える党員のうち、党機関役員、議員、各種の国民運動団体グループに所属する方以外の圧倒的多数の党員は、支部に所属し、支部で活動しています。支部こそ、党員が日本共産党員として生活し活動し、党の一員としての自覚をもつ一番の場所であるわけです。そういう意味でも、支部こそわが党の「主役」なのです。そこで、党員が日常の党生活、党活動をおこなっているわけで、ここでの活動がわが党の主たる役割を果たしているのだという位置づけになっています。

国民がわが党を見る場合、国会での論戦、テレビでの政党討論会、政策の発表、全戸ビラ、街頭宣伝、中央や県・地区でとりくまれるさまざまの政治活動を通じて判断します。最近ではインターネットなども影響をもってきました。

それとともに、身近で接触する、支部や党員の活動、生活や仕事への態度、「自分たちの願いを取りあげて献身的に活動している」とか、「あの人が党員だから信頼できる」ということで、日本共産党を支持するようになった例が非常に多いのです。全国の職場、地域、学園に2万の支部が組織され、日夜、国民各層のなかで活動していることが、日本共産党の支持の支えになっているのです。

地区委員会も、都道府県委員会も、中央委員会も、元気で自覚的に活動する支部が多くなってこそ、力を発揮することができます。支部が元気でなければ、地区委員会も都道府県委員会も、中央委員会も活力を失います。

草の根で国民と結びついて活動し、政治を変える力を結集する――党の力の源泉

支部が党の基礎組織だという意味を正確に認識することが大切だと思います。

支部が「政策と計画」をもち「支部が主役」で活動する意義について第24回党大会（200

6年1月）の報告で、3つの角度から述べています。1つは、草の根で国民と結びついて活動し、政治を変える力を結集することは、「政党としての大道」にたった活動ということです。報告では「政党が国民とむすびついて、草の根から国民的な力を組織して、それを政治を変える大きな力に発展・転化させていくというのは、政党であるかぎり一番の基本の活動――『政党としての大道』にたった活動である」と述べています。2つ目は、この力をもっているのは日本共産党だけだということです。報告では「こういう仕事をやる力をもっているのは、日本共産党しかないということであります。そしてそういう活動は、わが党でいえば、『支部が主役』となってこそ、はじめて可能になります」と述べ、そして3つ目は、「政策と計画」をもって「車の両輪」（国民運動と党建設の活動）の活動を「支部が主役」でとりくむことが、国民を政治変革の側に結集する保障であるとしています（『前衛』大会特集号、94ページ）。

国民との接点に組織されている支部が、ほんとうに元気に草の根で活動し、国民との結びつきを強めているかどうかというところに、党の活力の源泉がありますし、「支部が主役」の活動の重要性もここにあります。その「支部が主役」の活動にとって、「政策と計画」をもった活動がその要として位置づけられています。日本共産党のこうした活動は、政党として大道にたった活動そのものです。政党が国民とむすびついて、草の根から国民的力を組織して、それを政治を変える大きな力に発展・転化させていくというのは、政党である限り一番の基本の活動だということと、それがやれるのは政党としては草の根の組織の力をもっている日本共産党であること、そこに「政策と計画」をもった「支部が主役」の活動を全党のものにしていく重大な意味があります。

なぜ「支部が主役」で「政策と計画」をもった活動が党建設の要になるのかという意義、このところを都道府県委員会や地区委員会がきちんとつかんでほしい。「中央が強調しているから大事だ」とせずに、政党本来のあり方や党の成り立ちからみてとらえるとともに、多数者革命の綱領実現の道も「支部が主役」でこのような活動にとりくんでいくことによってはじめてなしうるんだという、そういう意義をしっかりにぎって、支部への指導・援助をおこなってほしいと思います。

2 「成長・発展目標」を「その職場、地域、学園で多数者の支持をえる」という「長期的な任務」にたった生きた自覚的な目標として日常的に追求する――党規約第40条（2）項

党規約第40条は、支部の6つの任務（注）を決めていますが、その第（2）項に「その職場、地域、学園で多数者の支持をえることを長期的な任務とし、その立場から、要求にこたえる政策および党勢拡大の目標と計画をたて、自覚的な活動にとりくむ」と、支部が「政策と計画」

をもって活動する基本を示しています。党綱領は「日本共産党と統一戦線の勢力が、国民多数の支持を得て、国会で安定した過半数を占めるならば、統一戦線の政府・民主連合政府をつくることができる。日本共産党は、『国民が主人公』を一貫した信条として活動してきた政党として、国会の多数の支持を得て民主連合政府をつくるために奮闘する」と多数者革命の路線を明確にしています。党規約の支部の任務の規定は、綱領が掲げた多数者革命を「支部が主役」でやり遂げていくことを明らかにしたものです。

（注）本文でのべた（2）項のほかの5つは以下の通りです。①それぞれの職場、地域、学園で党を代表する、②会議の定期的開催と党費集金、決定の討議とその具体化、③党綱領などの学習、④支部員どうしの緊密で人間的関係の確立、⑤職場支部に所属する党員の居住地域での活動。

したがって第25回党大会（2010年1月）が「成長・発展目標」を提起した際にも、その具体化は「支部が主役」が原則であるとした（『前衛』大会特集号、96ページ）のも同じ立場です。さらに、第26回党大会の報告では、党規約第40条（2）項の立場から「成長・発展目標」を、「その職場、地域、学園で多数者の支持をえる」という「長期的な任務」にたった生きた自覚的目標として常に追求し、「支部が主役」で「政策と計画」を持った自覚的な活動を広げていく——このことを根本方針にすえることこそが強く大きな党づくりへの大道であることを明らかにしたのです（『前衛』大会特集号、94ページ）。

「政策と計画」をもった「支部が主役」の活動を発展させることが党建設の要という意味がここにあります。

第24回党大会（2006年1月）決議では、支部の「政策と計画」をどのようにつくり、充実させていくかということについて、詳細に解明しています（『前衛』大会特集号、51ページ）。ここで提起されていることを、よく学んで指導に生かしてほしいと思います。4つあげています。
①支部がそれぞれ責任をもつ職場、地域、学園で、長期の目標として多数者の支持をえることをめざし、職場、地域、学園をどう変えていくかの立場から、生きた政治目標をみんなで討議して決めること。次の国政選挙の得票目標を決めることも、その大切な内容の一つになる。2014年の現時点でいえば、来年のいっせい地方選挙での目標を明確にもつということです。
②「政策」をもつとは、職場、地域、学園で国民がどんな切実な要求をもっているかをつかみ、その要求の実現のためにどういう行動をおこすかを明らかにし、実際に行動をおこすこと。
③「計画」をもつとは、それぞれの政治目標の実現のためにも、国民の要求を実現するためにも、どういう力をもった党が必要かを明らかにし、党を質的にもつよめ、党員と読者を増

やすとりくみを強めることです。同時に、後援会をつくり、後援会員と相談し、その力を借りて活動を発展させることとです。

④支部と党員がまわりの人々と日常的に広く結びつくことは、あれこれの党活動の手段ではなくそれ自体が党の活力の根本にかかわる問題であり、党の基本的あり方にかかわる問題として重視されなければならないこと。

この第24回党大会決議とともに、中央が発行した『支部活動の手引き』の活用もぜひ重視してほしいと思います。『支部活動の手引き』は、党規約第40条の支部の6つの任務にもとづいて、その一つひとつを簡潔に解説しながら活動の方向を示していて、支部が日常、支部活動をすすめるためにどうしたらよいのか、その基本となる問題を一つひとつ具体的に解明もし、方向もしめしています。「政策と計画」をもった支部活動というものを軸に据えて、支部活動のあり方についてもわかりやすく簡明にまとめられており、これを県や地区委員会が集団学習でよく身につけ、この『手引き』で支部を援助していただく、これが一番の基本になると思います。

3 「政策と計画」をもって、〝車の両輪〟の活動に踏み出すように援助する——ここにこそ党勢拡大を安定的、持続的に前進させる大道がある

支部が、「政策と計画」をもって、二つの基本的活動——要求活動と党勢拡大の活動、すなわち〝車の両輪〟の活動に踏み出すように援助し、指導すること、ここにこそ党勢拡大を安定的、持続的に前進させる大道があります。さきの「躍進月間」（14年5月～同年7月末）が党員と読者拡大の目標達成を掲げた時も、また幹部会決議（14年8月3日）が「躍進月間」のとりくみを通じて進めた党勢拡大の持続的前進を軌道にのせることを訴えたのも、最大のカギが「支部が主役」で「政策と計画」をもつことが重要だからでした。

「『支部が主役』だから支部にまかせておけばいい」という声にかかわって

ここで、「『支部が主役』だから支部にまかせておけばいいのでは」という誤った理解がごく一部にあるので、ひと言述べておきます。

「支部が主役」の活動というのは、支部まかせにするというものではありません。さきほどもふれた党規約第40条でしめされている支部の任務（6項目。本書、126～127ページ参照）にもと

づいて、自覚的・自発的にとりくみ、活動するということが「支部が主役」という意味です。

また、このような支部は、自然成長的につくられていくものではなく、一つひとつの支部が「政策と計画」をもち、それにもとづいて活動する支部となるように、党機関が相当に心を砕いて支部にたいする指導や援助を粘り強くすすめていくなかでしか実っていきません。

この点に関して、第24回党大会での志位委員長の中央委員会報告で、「一時は九割近い支部が『政策と計画』をもった活動をしていたのに、それが五割まで後退していることにみられるように、とりくみの弱まりと中断がみられること、それは中央の日常的指導と援助の弱点が反映していた」（『前衛』大会特集号、93ページ）と述べ、「党機関の指導と援助も、いくつの支部でつくったかという数だけでなく、どういう内容でつくっているか、それにもとづく活動はどうなっているか、どんな困難や悩みをかかえているのかなどを現場でつかみ、支部がみずからつくった『政策と計画』をやりとげていけるように親身で懇切な援助をおこなうことを、支部にたいする指導の基本姿勢とすることがもとめられます」（同前、95ページ）と、支部まかせにするのでなく、党機関が中断することなく系統的に、懇切丁寧に援助・指導することの大切さを指摘していることは大事な点だと思います。

党大会や中央委員会の決定のなかで、「支部が主役」の活動について繰り返し強調しているのも、その原点は、第21回党大会（1997年9月）が提起した「党建設の重点的な努力方向」――民主的政権に接近していくうえで、「支部が主役」の党づくりを要にすえる――にあり、ここにこそ多数者革命をめざす党建設と党活動を発展させていく大道があるからです。

「支部が主役」の活動を全党の大勢にすることができるならば、全党の活力はいまの何倍にも広がっていくことは間違いないし、それは党機関の側からの目的意識的な粘り強い援助が、不可欠でもあるということです。

六　どのようにして支部への指導と援助を強め徹底するか

1　第25回党大会2中総決定が提起した指導の改善

第25回党大会2中総決定（2010年9月）は、2010年の参議院選挙での後退を全面的に分析、総括をおこない、教訓を明らかにしました。そのなかで、党指導のあり方についても、改善の方向を示しました。これは中央自身の指導のあり方を反省し、それを県委員会、地区委員会でもぜひ考えてほしいということで提起した方針です。

2中総が示した指導改善の基本方向は、今後も私たちが支部への指導・援助にあたって一貫して堅持しなければならないものです。

2中総が提起した指導の改善の基本は、次のようなものです。

①「数を追う」だけの指導でなく、支部に出かけ、支部のおかれている状況を丸ごとつかむ。

現場に出かけて、どういう苦労をしているのか、どういう悩みを抱えているのか、よく支部の意見を聞いて、支部全体の活動状況を丸ごとつかんで、その支部への援助をおこなっていくことが大事である。

②支部の自主性、自発性、創意を尊重し、支部が自由闊達《かったつ》にのびのびと活動できるように指導・援助する。

③知恵は現場にある。支部の経験にとことん学ぶ。支部を援助・指導する場合、ここが大事な勘所《かんどころ》です。支部をどう指導するか、地区委員会などでいろいろ思いを巡らせることも大事ですが、直接支部にでかけていろいろ意見を聞かせてもらう、支部が努力していることなどをよく聞けば、支部が前進していくいろんな可能性やヒントが含まれていることを発見できます。その教訓を学び取って、地区委員会として方針化して支部を援助することが大切です。〝現場にこそ知恵がある〟ということです。この立場で、支部への指導を貫いていこうということです。

④政治抜きの実務指導でなく、支部と党員に勇気と確信をわきたたせる政治指導を重視する。これはいつの場合も大切なことです。みんなが元気がでる政治指導がやれるようになるためには、党機関での活発な政治討議が必要です。「しんぶん赤旗」をよく読んでその記事を使うとか、地方欄にもおもしろいものがあるわけで、それらを政治指導に生かす材料として意識的につかむ努力が大事です。

第26回党大会決議ではこの2中総決定にふれて、「『党機関は支部へ』『支部は国民のなかへ』として、党機関の指導改革の努力方向を提起した。この重要性をよくつかみ自覚的に努力してきた党機関では、選挙戦でも、党建設でも、たしかな前進をつくりだしている」（『前衛』大会特集号、53ページ）と述べ、すすんだ党機関の教訓として、5つの問題（注）をあげています。

（注）5つの問題とは、①地方の問題に責任をもち、住民運動の先頭に立って支部を励ます、②支部に足を運び心の通い合う信頼関係を築く、③支部への政治的援助を何よりも重視する、④国民と「溶け込み結びつく」力を重視し、党員と支部の多面的活動を援助する、⑤若い役員の配置、非常勤のベテラン党員の結集などによる党機関の体制強化の5つです。

そこから学ぶことを提起した第26回党大会決定は、2中総と重なり合っている決定です。2中総で決定したことが、その後の実践によって検証され、この指導方向にこそ、われわれが努力すべき指導改善の方向があるということを、党大会で改めて確認をしています。ですから、この第26回党大会決定を深く理解するためには、第25回党大会2中総の決定に立ち返り、県委員長・地区委員長のみなさんが繰り返し学んで、大会決定をより深く理解し実践していく力にしていただくことです。

2　支部と党員を固定的に見ない。信頼し粘り強く発展の芽を見つけ励ます

支部への指導と援助を徹底していくうえで、すべての支部を視野に入れ、すべての支部の状況を具体的につかむように心がけることが大事です。とくにままあることですが、当面の活動で、すぐ成果をあげそうな支部と党員だけを対象にして指導する傾向がつよくあるだけにこの点は重要です。

もしも、当面の成果をあげることができる支部だけを追い求めることになりますと、職場支部とか、困難を抱えている支部はいつも置き去りになりがちになるでしょう。これでは、全支部・全党員活動とは縁遠くなり、少数の支部と党員の活動にとどめる〝少数精鋭型〟の活動になります。目先の課題にすぐに役立つかどうかで見がちな支部指導の傾向を、私たちの指導から一掃し、すべての支部・党員を対象にした指導改善に正面から取り組む必要があります。

別の言い方をすると、すべての支部・党員がもつ可能性を発見し、引き出す指導に心がけるということです。困難に見える支部や党員でも、発展の可能性は秘められています。これまでの私たちの経験からも言えることですが、困難に見えていた支部・党員が、活動に参加するようになった契機はさまざまです。

たとえば、党中央がそのときどきの全党的な課題の推進をはかるために開いている「支部の経験を聞く会」で、そのようなことをいろんな形で聞いてきましたが、これまですべてうまく運んできたわけではない「お荷物支部」とか「ダメ支部」などといわれた支部から出発しながら、前進を切り開いてきた活動経験が必ず紹介されています。その経験では、「支部の困難だけに目を奪われず、住民の要求に目をむけるようにした」、「しっかり集金をやるところから始めた」、「条件に応じて、一人ひとりの得手と結びつきを生かそうと努力した」、「何でも話し合える支部会議に努力してみた」など、きっかけになっていることは千差万別です。しかし、共通していることがあります。それは、支部や党員を信頼し、粘り強く援助し、発展の芽、少しでも前向きの変化を見つけ、大いに励ます指導がおこなわれていることです。

「この支部、この党員はこんなもの」と固定的に見ることは正しくありません。〝所詮《しょせん》あの支部は援助しても変わらない〟ということで、手を抜き、援助しないことになると、いつのまにか「あの支部はダメ支部」と固定化していくわけです。そうではなく、支部や党員を見る際、支部も党員も変わるし、発展するという信頼をもって、粘り強く援助していくことです。

今回の「躍進月間」のなかでも、なかなか成果があがらなかった支部にたいして、援助に入った方が、国民の変化を体感して情勢をつかんでもらおうと、一緒に街頭宣伝に出て、ビラの受け取りがこんなにいいのかと支部の人の目が輝いたと言っていました。街頭宣伝の反応が違ってきているということで支部の人の目が開かされ、それがきっかけで元気になったという場合もありました。支部が抱えている問題で、何か一つでも解決する、突破することを通じて、支部が見違えるように元気になるという例は、各地に生まれています。

この支部はこの程度、この党員はこの程度という固定観念で見る見方を党中央と都道府県委員会の関係に置き換えたらどうでしょう。この県委員会はこの程度だというふうに中央委員会が見るようになれば、県との関係はうまくいかなくなります。県と地区との関係でも同じです。この程度だと見る前に、困難なところほど現場に出かけて、意見を聞きながら一緒に相談する、そのなかで発展の芽がどこにあるのかを見いだして励ましていく、このことが大事です。

また、固定的に見る傾向というのは、支部や党員のことをよく知っている幹部や党機関ほど、そうなりがちです。たとえば、ある県委員会のメンバーが他県の選挙に派遣されると、たいてい活動していない支部への援助を依頼されることが多いわけです。そうすると、その支部や党員の意見、悩み、困っていることなどを、じっくり聞くことからはじまることになります。そして、それらにこたえながら、同時に選挙情勢はどうなっているのか、勝つためにいま何が求められているのかを決定の立場で話をすることになりますし、やってほしいことを正面から提起し、よく相談することになります。大きな躍進をした昨年（２０１３年）の都議選や中間選挙でも、各地からオルグを派遣してもらって活動していただいていますが、これらのほとんどの同志が立派な成果をあげてくれました。

ところがその同志が地元へ帰ると、なかなかそういう指導ができなくなることが多いのです。

そこには知らず知らずのうちに、支部と党員を「こんなもの」「そんなことは無理」と固定的に見てしまっていることがあるからです。そのようなことがないか、よく検討してみる必要があると思います。

その点で地区や支部の担当者を固定化することが適切かも見直すことが必要かもしれません。地区や支部を系統的に指導し援助することでは、固定化している方が地区や支部の実情を詳しくつかみ適切な指導ができるという面はあります。しかし、知りすぎて固定的に見がちになる面もあるのです。一定期間で担当を替えるとか、複数の幹部の目で見るようにすることも考える必要があると思います。

「躍進月間」のとりくみでも、活動的な支部が「月間」でも、大きな成果をあげた例は当然多いのですが、それまで活動的でなかった支部が、機関の役員や議員などの援助で見違えるようになっています。安倍政権の集団的自衛権行使容認という危険な暴走政治の情勢に、正面から対決している党のはたしている役割を再認識することや全国の支部や党員の活動に励まされて、日本共産党員魂をゆさぶられ、「共産党員として何かやらなければ」と立ちあがり、驚くような活動で大きな成果をあげた支部と党員も多く出ました。

これらの例は、支部や党員を決して固定的に見るのでなく、信頼し、誠実に意見もよく聞き、正面から決定でよく話し合う、粘り強い援助と指導が大事なことを教えていると思います。

3　一般指導と個別指導を結合して

丁寧な一般指導に心がける

支部への指導では、一般指導を丁寧におこない、一般指導で方針を全支部に徹底することがどれほど大きな力を発揮するかは広く知られています。一般指導の方法として、どのような指導のあり方があるのかといえば、よくおこなわれているのは、支部長会議です。この支部長会議は、全支部に一般指導を徹底する大事な場です。それから、地区委員会がニュースを発行して方針を支部に徹底する、あるいはすぐれた支部活動の経験を紹介することも一般指導のやり方として大事な方法です。

支部長会議の開き方

その際に考える必要があることは、支部長会議にどれだけの支部長が集まっているかということです。支部長会議を毎週開いているところもありますが、大体2、3割の支部長が参加して会議を開いているというところが少なくありません。なかなか支部長さんが集まってこないという状態のまま、支部長会議がずうっと継続しているということがよく見られます。これは、一般指導としては失敗しているということです。せっかく地区委員会が支部長会議で報告しても、集まった2、3割の支部にしか地区委員会の方針は伝わらないということになるからです。

支部長会議を開く以上は、まず集める努力を徹底しておこなう。連絡を徹底する、事前に出欠の確認をするとか、支部長によっては迎えに行く必要がある方もいるでしょうし、特別の事情がない限り全支部長が参加する手だてを取りきって支部長会議を開くようにすることが大事です。2、3割の支部長を1週間に1回集めて、地区委員会が報告して指導したつもりで毎週過ごしていると、圧倒的多数の支部は指導が入らないまま置き去りになってしまうことになります。一般指導を丁寧におこなうということは、支部長会議を開くにしても、どうしたら全支部長が集まってもらえるかということをよく考えて、支部長会議を招集することから始まるのです。

地域支部の支部長は、定年退職して年金生活に入っているベテランの方が増えています。必ずしも夜の会議ではなく、むしろ昼間の会議の方が支部長は集まりやすく、夜の方が出にくいという、昔と違った条件も生まれています。そうした支部長の条件に合わせて昼と夜の2回に分けて全支部長が参加する会議にしていくとか、自治体・行政区単位に開くことも考えられます。一般指導として成功させるためには、どうしたら多くの支部長に参加してもらえるかいろいろな工夫や努力が必要ですし、ここを丁寧にやることだと思います。
いつも2、3割の参加にとどまっている支部長会議が、たくさんの支部から参加する支部長会議になれば、それだけで会議の雰囲気は明るくなり、参加する側も主催する側もお互いに気合が入るし、元気がでる会議になります。

支部長会議の中身での留意点

もう一つは、会議の中身です。支部長会議に参加すれば何か得るものがあるし、参加したら元気が出るという、支部長会議には必ず参加したいという気持ちが起こるような魅力のある内容にする工夫が大事です。

私たちが聞いている経験としては、たとえば、支部長会議は時間的に長時間開くわけにいかない制約があるということから、地区委員長として報告したいことがたくさんあるけれども、地区委員会として伝えたい方針は事前に文書をつくって参加した支部長さんにお配りして、地区委員会の報告は短く、文書に基づいて簡潔に要点だけを説明して、あとの時間は支部長のみなさんが発言できるようにするというものです。一方通行にならず双方向の会議になるように努力するということです。

そのように運営すれば、会議では、支部長さんの発言が保障され、よい経験が出されるでしょうし、困っている問題や悩みもだせる会議になるわけで、お互いの交流ができて、「なるほど、あそこの支部の経験は自分たちの支部でも生かせる経験だ」とか、「あのような工夫は自分のところでもやってみよう」とか、そのような気が起こるような支部長会議にすることができるわけです。

地区委員会がやってほしい課題だけを提起する会議は、たまには必要な場合もありますが、そのような会議が繰り返されると、だんだん支部長会議への参加が少なくなってきます。課題だけを提起して頑張れという会議だけでなく、いまの情勢をつかみ元気が出るような報告をするとか、支部長同士の交流を深め合うとか、こうした会議の中身の工夫、そして会議に集めるための努力、支部長会議を開く場所や時間など、いろんな工夫をして会議を設定していく、この両方の工夫と努力、両者が相まって支部長会議は成功できるし、一般指導の大事な場所での成功を勝ち取ることができます。結論として成功のカギは、丁寧な指導が大事だと思います。

「地区ニュース」での工夫

地区が発行するニュースの場合にも、各県、各地区が発行するニュースが中央に送られてきていますけれども、私たちも読んで楽しくなるのは、たとえば党勢拡大で成果をあげた経験の紹介でも、その支部がどんな努力や苦労をして新入党員を迎えたのか、読者を増やしたのか、いままでこんな困難を抱えていた支部がこういう努力で前進をはじめたなど、支部の苦労話や支部の努力が伝わってくるニュースです。そういうものは、読んでいて私たちも刺激を受けますし、参考になります。同じことが、地区委員会が発行しているニュースでも言えます。ニュースが支部に届いたときに、ニュースを見た支部や党員が、地区委員会が発行するニュースは参考になる、とてもいいと思ってもらえます。そうなれば、一般指導として成功したということになるわけで、ニュースの中身の工夫が必要だと思います。

すべての支部に毎週、個別指導で丁寧に指導ができればそれに越したことはありませんが、それは支部がたくさんあるわけですから、物理的に不可能です。だからこそ一般指導でできるだけ徹底することが大事になりますし、地区委員会が発行したニュースが支部と党員にちゃんと届くようにしなければなりません。そのためには、地区と支部との連絡ルートをどのようにつくるかということも考えなければならないでしょう。いまはFAXという便利なものがありますが、反面FAXのないところにはニュースが届かないということになります。また、各地の地区委員会事務所にときどき出かけることがありますが、事務所には支部のポスト、棚が設けられていて、そこに地区のニュースがたくさん積まれたままになっているポストもあります。せっかく地区委員会が苦労して出したニュースがポストに残ったままで支部に届いていないということは、支部への一般指導はそこで中断されていることになります。

「支部が取りに来ないから仕方がない」ではなく、ニュースを発行した以上、どうしたら迅速に全支部に届けられるかということについて、一般指導を全支部へ徹底するという立場からよく検討し、成功させる努力を尽くしてほしいと思います。一般指導の徹底だけでも、支部がうけとめてくれて、それをこなして活動できる支部もたくさんあるわけですから、全支部への徹底をつらぬく必要があります。

困難な支部の悩みやぶつかっている問題をつかみ、親身な個別援助を強める

個別指導を強めることも欠かすことができません。とくに困難を抱えている支部にたいしてはとりわけ個別指導が必要です。困難を抱えている支部の悩み、ぶつかっている問題について、よく意見を聞き、親身になって援助することがなにより大切です。

たとえば、支部会議も開けないようなところでは、支部長や支部の中心になっている同志とよく話し合い、どうしたら支部会議を開くことができるかを相談し、欠席している党員への訪問もいっしょにおこなうことからはじめる必要があるでしょう。あるいは、会議も開き党費も納めている支部でも、行動に踏み出せないところもあります。

そのような支部は、情勢を悲観的にとらえ、党の果たしている役割に確信がもてず、「いまはじっと我慢のとき」と身をすくめているような場合が少なくないのです。だからこそ、そこに出掛けていって決定の討議を援助し、情勢を正しく理解できるように努力するとともに、一緒に国民のなかに入って変化を実感できるように、実践的な援助をすることがなによりも必要なのです。

個別指導という場合、困難な支部だけでなく、すすんだ支部にも入り、その優れた経験と教

訓を徹底して学び、それをニュースで紹介するとか、支部長会議で報告し、党組織全体のものにする努力も大事です。

個別指導も担当者まかせにせず、党機関の集団の知恵で指導するようにしましょう。担当者まかせにすれば担当者の水準でしか指導できないことになります。党機関がもっている最高の水準で指導するように、できる限りの努力をすることが、一般指導と個別指導の結合といえます。この点からもさきに触れた（本書、138～139ページ）、支部や地区の担当者を長期に固定化している傾向もよく検討する必要があります。担当者の目からしかその支部、地区を見ないことになるからです。集団の知恵を生かして指導することが大事です。

機関役員がなかなか支部に行きたがらない問題の解決には

支部の個別指導を首尾よくすすめていくうえで、地区委員長の悩みとして、地区役員がなかなか支部に行きたがらないということが、少なからず聞こえてきます。

この問題解決の基本は、機関幹部の政治・指導水準を高めていく努力をつよめていくことになりますが、それとともに、支部指導・援助というものをあまり難しく考えないことが重要です。「知恵は現場にある」という立場で出掛けていく、指導してこようとは思わず、支部に行って学んでこよう、支部の話をよく聞いてこようという思いで、気軽に支部に出掛けることです。

とくに、敬遠しがちになっているのは地域支部よりも職場支部に対してです。しかし、ここでこそ、このことが大切です。職場支部から党機関にたいして共通してだされている要望は、「地区委員会に困難な職場でどう活動したらいいのかについて、〝指導してくれ〟とは言わない。しかし、地区委員会が支部に顔を見せて、俺たちの苦労を知ってほしい。支部がどんなに苦労して、どんな思いで活動しているのかを知ってほしいから、来てくれることがうれしいんだ。来て話を聞いてくれれば、地区にたいする不満や不信は半分以上は解決する。ところが、ぜんぜん地区は顔を見せない。ある意味では、地区に見捨てられたような思いで毎日活動してきた」というものでした。

まずは支部の同志の意見をよく聞こう、どんな悩みをもっているのかをよくつかもうということから、指導、援助がはじまるのです。そういう思いで出掛けようということを地区委員会総会で相談し、それぞれの水準に応じて、気軽に出掛けていくことだと思います。

同時に大事なことは、支部に出掛けていろいろ意見を聞いたことを、地区の常任委員会や地区委員会総会に反映させて議論することです。そうすれば、議論をつうじて次にどうしようかという知恵も出てきます。そうすれば、その出た結論をもって再度支部にでかけていくという指導＝双方向・循環型の指導と活動のスタイルになっていきます。地区委員会全体がこれを身につけていくことが大事です。

4　量とともに質を――〝日本共産党らしい支部づくり〟に特別の努力をはらう

第25回党大会期に、日本共産党らしい支部づくりに特別の努力をはらい、党活動のどの課題もやる以上は100％追求できる党をつくろうと、「実態のない党員」の解決に取り組んできました。残念ながら実態を失った党員については、本人と協議して離党措置をとるということで解決の努力をした結果、40万の党から30万の党に後退しました。12万の離党者がでたのです。大会から大会までの間に約4万の新しい党員を迎えていますが、その他に1万数千人の方が亡くなられ、差し引き10万ぐらいの減となりました。第25回党大会時の現勢の5割近い党員を離党処理した県・地区もあります。この痛苦の教訓を生かし、再び大量の「実態のない党員」を生み出さない努力が必要です。

第26回党大会がかかげた、2010年代に「成長・発展目標」を実現するための「党勢の倍加」、「世代的継承」を達成する目標をやり遂げるためには、党員拡大にさらに力を入れるとともに、質的建設に力を入れることは不可欠です。第26回党大会が決めた党勢倍加の目標を達成しようと思えば、再びこういう「実態のない党員」を生み出して、大量の離党措置をとるというようなことを絶対に繰り返さないということです。党員拡大に精力的に取り組むと同時に、入党した人たちが党員として成長していけるように努力し、離党者を生まない党づくりに挑戦していく必要があります。

その際、「実態のない党員」についての見方ですが、その党員が自然に党員としての資格を失ったのではないということです。多くの場合、むしろ党組織の側がせっかく入党していただきながら、規約どおりに党員として成長していくための新入党員教育とか、支部での党生活に加わるよう援助していくとか、日刊紙を読んでもらえるよう丁寧に働きかけていくとか、尽くすべきことが十分尽くされないまま推移してきたことがあります。ここに根本原因があるのではないかと思います。

もちろん入党しても、階級闘争のもとで、激しいたたかいのなかで政治的確信を失い、党から離れていく人が一定数出てくることは避けられないことです。また、いまの党の構成からいって、自然現象とはいえ一定数の亡くなる方がでることも避けがたいことです。

それを乗り越えて党勢を倍加していくことを考えた場合に、「実態のない党員」ということで第25回党大会期に大量の離党措置を取らざるを得なかったことを痛苦の思いでうけとめ、それを絶対に繰り返さないという決意をもつ必要があります。そのための努力が求められているという状況に、いま私たちは立たされていると思います。

したがって、第26回党大会報告では、「『二度と「実態のない党員」をつくらない』決意で、革命政党らしい支部づくり、〝温かい党〟づくりへの努力を強めることを訴える」（『前衛』大会特集号、91ページ）とともに、8月3日の幹部会決議でも、「党創立記念講演を全支部、全党員が学びましょう。党大会決定の『三文献』の全党員読了をめざし、一刻も早く党費納入党員を上回りましょう。『躍進月間』で迎えた新しい党員の新入党員教育を一人も残すことなくおこなうとともに、『党生活確立の三原則（支部会議への参加、日刊紙の購読、党費の納入）』を全支部と党員のものとし、新入党員とともに成長する温かく戦闘的な党をつくりましょう」と党の質的建設へのとりくみをよびかけました。

「実態のない党員」を再び生み出さない

ここで大切なことは、〝新入党員とともに成長する温かい戦闘的な党づくり〟に関連して、新しく入党した党員への教育を、最初の私たちの仕事として絶対に曖昧《あいまい》にしない取り組みをおこなうということです。

第26回党大会以来、新入党員教育のあり方を変えました。これまでは、約1時間の市田さんのDVD、山下さんのDVDを視聴して、新入党員教育を修了としてきましたが、やはり党規約通りに新入党員教育をきちんとおこなうことが大切だということを再確認しました。綱領全文を読み合わせて、1章ごと、あるいは1節ごとに読み、入党者の疑問や質問に答えながら、一通り最低限の解説をやり、理解の程度はあっても、綱領全文の通読を新入党員教育の眼目においたわけです。

党規約については、党員として活動していく最低限の中身について、これまでのように〝四つの大切〟で簡単に済ますのでなく、30分、40分かけてきちんと説明することにしました。実際におこなったところでは、大変好評です。

30年ぶりに新入党員を迎えた支部では、教育をする側の党歴の長い支部長が、「新しい綱領全文を読んだことは、このときが初めてだ」ということもありました。「新入党員教育の機会に、自分も綱領を最初から最後まで読めた。非常に良かった」と、付き添いなどで一緒に参加していた支部員からもそうした声が、各地であがっています。新入党員も、教育をうけたことによって、党員としてどういう努力をしなければならないかが理解できたと話されています。新しい新入党員教育の実施では、教育する側もされる側も歓迎する感想が寄せられているのです。

そのような新入党員教育であるだけに、第25回党大会から今日まで4万を超える人たちが入党してきているわけですが、まだ1万人を超える人が未教育のままになっていることは放置できません。せっかく党に迎えた人を、党員としての成長をはかり、生涯日本共産党員として活動を全うするという状況をつくるためにも、早く未教育をなくす努力をお互いに強めていきたいと思います。

第25回党大会4中総（2011年12月）の決定は、「実態のない党員」を生み出したこと、党費納入に後退傾向が生まれていることの反省にたち、党員拡大と一体に党の質的強化をはかることを訴えて、次のような具体的問題提起をおこないました。

「〝日本共産党らしい党づくり〟、すなわち、党規約第2条に明記されているように『日本社会のなかで不屈の先進的な役割をはたすことを、自らの責務として自覚している』党――不屈性と先進性がみなぎる党づくりのために力をつくします」

この4中総決定に沿いながら、いくつかの点について要点を示しながら述べることにします。

新しく迎えた党員とともに成長する支部に――党規約第4条、6条、7条、8条

まず党規約が定めた要点ですが、この党規約通りに、入党の働きかけと入党後の教育をおこなうことです。党規約第4条には、①「18歳以上の日本国民」、②「党の綱領と規約を認める人」、③「党の組織にくわわって活動」する、④「規定の党費を納める」とあり、この4つが党員の資格要件です。そのことを新入党員教育で、党の綱領と規約の内容についてきちんと教育することによって、この要件を満たすことになります。

党の組織に加わって活動するということは、圧倒的多数の党員は支部に所属するわけですから、支部会議に参加し、支部が決めた活動を、それぞれの条件や能力に応じて実行することです。「党費を納める」ことは、党員として最低限のことですから、規約通りにそうなるように努力をしていくことが必要です。

第6条は、「党員2名の推薦」ということと「入党費をそえて申し込む」ということが、入

党の手続きとして規定されています。これが「形式」になっていないか、心配しています。「2名の推薦」ということは、その人について、日本共産党員としてやっていける、頑張っていける人だということを確認したうえで推薦するわけです。「形式」で推薦するわけではないので、推薦者はやはり責任をもたなければなりません。ここのところが曖昧になっていると、党員拡大を急ぐあまりに、不純分子が党の中に入ってきて、党生活を乱したり、党員にふさわしくない行動をとったりして、党を傷つけるということになるわけです。その点では、入党推薦と支部での個別の入党審査ということを「形式」にしないで、党規約通りきちんとおこなうことが大事です。

この第6条には、「いちじるしく反社会的で、党への信頼をそこなう人は入党させることができない」ということもあります。いちじるしく「反社会的」という問題をどのように解釈するかという質問がときどきありますが、第7回党大会のときはかなり具体的に党規約の統一解釈として、当時は「暴力団員」と「犯罪者」、そして「反階級的」なものとして特高や憲兵という共産党と国民弾圧のための機関に所属していた人とか、そういう人は党員にさせることはできないと決めていました。いまの基準は、暴力団員や犯罪行為を様々やっている人、麻薬など薬物使用者等々、まわりの人たちから見て、日常生活でひんしゅくをかって批判の対象になっている人、世間から見て「えっ、あんな人が共産党員」といわれるような人は党に入れないということが、一つの基準になっています。

よく最近、問題になるのは、生活相談を通じて、まったく前歴や経歴のわからない人を、生活相談をうけたその場で入党をすすめていることです。そのような入党のさせ方によって、いろんな事故や事件がおこり、議員や党組織が打撃を受けるといった例が少なくないことです。生活相談で飛び込んできた経歴のわからない人を、相手の反応がいいからといってすぐ入党をすすめるというやり方はやめるべきです。生活相談者は「絶対に入党させてはならない」ということでありません。前歴がわからない人を安易に入党させるべきでないということです。相手が入党を希望しても、まず読者になってもらって、日常の接触などのなかで、実際の生活態度や日ごろの言動、そういうものをよく見て、「この人なら大丈夫」と支部の同志も含めて確認できたら入党をすすめるというように、一定の時間をおいて、支部の人の目で見て、その人がどういう人かということを判断するということが大事です。

そういう意味で、「入党の働きかけを『支部が主役』で」といっているのは、支部の人は日ごろの生活を通じてその地域の人については大体知っており、支部の人が判断すれば間違いがないわけです。「支部が主役」でとりくめば、失敗は少ないということです。

第7条は、「他の政党の党員は、同時に日本共産党員であることができない」です。これは当然のことで、「まだ自民党籍は残っているけれども、日本共産党の方がいいと思うから共産党に入る」とはなりません。まず自民党を離党する手続きをきちんととってもらうこと、他党の幹部だった人、県段階、支部段階の幹部だった人が、入党する場合は、上級機関の承認を得る、支部が勝手に判断しないことが必要です。

第8条は、「党組織は、新入党者にたいし、その成長を願う立場から、綱領、規約など、日本共産党の一員として活動するうえで必要な基礎知識を身につけるための教育を、最優先でおこなう」と規定しています。これは、先ほどのべたことで、党規約通り最優先で行っていく必要があります。

「党生活確立の3原則」など党建設の基本にかかわる問題からは、いついかなるときも目を離さない

支部の任務を規定している党規約第40条(3)項は、「支部の会議を、原則として週1回定期的にひらく。党費を集める。党大会と中央委員会の決定をよく討議し、支部活動に具体化する。要求実現の活動、党勢拡大、機関紙活動に積極的にとりくむ」とあります。「党生活確立の3原則」は党規約に明記されている最低限の課題です。この「党生活確立の3原則」の問題は、何があろうと、党建設上絶対におろそかにしてはならない基本になる課題で、県委員会・地区委員会ともに、ここから一時も目を離さない、選挙があっても、「大運動」があっても、全党がある課題に力を集中しているときでも、党建設の基本的な問題については、いついかなるときでも目をそらさずに頑固に貫いていくことが、指導上大事だということです。

党生活確立の問題は、第7回党大会3中総(1958年)で最初に全党運動として取り組み

ました。当時の宮本書記長の報告で、「細胞会議を定期的にひらく」「全党員がアカハタを読む」「党費と機関紙誌代を完納する」ということが3原則として提起されました。そのきっかけについて、報告では、「若干の府県党組織では、自発的に、党員やアカハタ読者を一定の目標までふやそうという党勢拡大運動が決議されている。また、神奈川、群馬などでは、党生活を確立する運動が決定された。第3回中央委員会総会は、こうした下からの積極的な創意を高く評価するとともに、大会後の情勢はこの点を急務としていることをみとめ、これを全面的に発展させるため……全党がいっせいに『党生活確立と党勢拡大の運動』をただちに実践することを決定する」と述べています。このように、神奈川や群馬などの地方党組織が自主的に決定した方針を、全党運動にすると提起して始まったものです。

当時の党の状況というのは、「五〇年問題」の混乱から立ち直って、第7回党大会を開いて党の統一と団結を回復し再出発した時期で、当時、私は地区で活動していましたが、なかなかきちっと団結する状況になくて、「五〇年問題」のいろんな後遺症を引きずっている状態でした。

そういう状況のなかで、党がきちんと党らしくなっていくためには何が必要かということで、7大会3中総で党勢拡大とともに「党生活確立の3原則」を全党運動としてやろうとよびかけたわけです。これがよびかけられたとき、「なんでこんな低い目標を全党の目標としてやるのか」、「こんなことは当たり前じゃないか」、「わざわざ中央委員会で決定して全党運動に提起するのはどうか」、「もっといろんな目標を加えるべきだ」との意見が出ました。この点について3中総報告では、たしかに最低限だけれども、この最低限のことがきちんとやられたらどんなに党が変わるかということを、次のように述べています。

「ここに提示した目標では低すぎるから、そのほかの目標をいれるべきではないかという意見もあるが、これらの目標は、全党的運動としての最小限の目標であり、したがってそれぞれの党組織が当面している切実な問題をそのなかで積極的に遂行するプランをたてることはなんらさしつかえない。しかし、わが党の実際の状況からみて、党生活の確立、党勢拡大のこれらの目標を達成することが、けっしてかんたんなことではないし、また、この目標が達成されれば、こんごの党の飛躍的な発展に一つの確信が生まれ、大きな土台がきずかれるものとみなしている……かんたんなようにみえて、非常に重要な課題である」

ここで強調されていることは、いまも同じです。「支部会議にでる」「党費を納める」「日刊紙を読む」ということは、最低限のことですが、これがみなさんの県や地区で確実に実行されたら、そこの党組織の力はいまの何倍にも発揮されることは間違いないと思います。「3原則」が全党的に定着すれば、党は質的に大きな変化をとげて、見違えるような活力が発揮できる党になるということです。

当時も、この運動を通じて党費納入が戦後最高の水準になり、党生活確立の全党的な前進が、7大会6中総がよびかけた党勢倍加運動を成功に導く力になりました。私が活動していた当時の滋賀は、49年に国会議員をもち1000人ぐらいの党員がいましたが、「五〇年問題」をくぐって「6全協」や第7回党大会での党会議をやったときは、全県集めても党員が130人くらいにまで落ち込んでいました。地区党会議といっても、各地区30人ぐらいしか党員はいないので、全党員会議で地区党会議を開いている状況でした。少ない党員だけれども、「五〇年問題」のときの恨みつらみがあって、なかなか団結ができず、支部会議にも参加してこない、みんなバラバラでした。

そういう党の状況を変えるために、まず支部会議を開く努力から始めました。毎晩、毎晩、党員の家を訪問して、支部会議に出てほしいとひざづめで話し合いました。〝「五〇年問題」のときはお互いにいろいろあった、そんなことをいつまでも繰り返したってしようがない、われわれは革命のために党に入ったんではないか、「五〇年問題」をくぐって党に残って頑張っているのだからやろうじゃないか、まず支部会議に参加して論議して共産党らしくやろう〟、といって党員を訪問して、それを何回か繰り返すなかで、支部会議にだんだん集まってくるようになりました。さすがは共産党員です。支部会議に集まって論議を始めると、最初はいろんな意見が出てなかなかまとまらなかったけれども、繰り返しやっているうちに党らしくなって、活動に踏み出すようになり、党費も納める、日刊紙も読むというところまでいきました。党の結束力が「党生活の3原則」を実際に実践していくなかで生まれて、そして6中総で「党勢倍加運動」がよびかけられたときには、滋賀でも倍加を達成する奮闘がやられました。

このような活力が発揮できたのは、出発点は「3原則」の確立に真剣にとりくんだことにあります。党が党らしくなっていく活動を通じて初めて、そういう力ができたのです。

ですから、いまでもそういう努力をやる必要があると思います。現在の状況を見ますと、毎週1回定期に支部会議を開いている支部というのは、7月は全国18・6％です。月2回か3回の開催は28・8％、1回は32・9％、未開催は19・7％です。いまの全党の状況というのは、7大会3中総のときとは状況はまったく違いますが、支部会議ということでみれば、残念ながら週1回と2、3回開催支部あわせても50％にならない状況で、未開催支部が5分の1もあるという状況です。党費納入では、「実態のない党員」をだいぶ解決しましたから、納入率は高くなりましたが、それでも7割ぐらいで、3割がまだ依然として党費未納になっています。日刊紙を読んでいない党員は、「月報」によると35％になっています。この状況は、非常に重視すべき問題です。

だからこそ「党生活確立の3原則」を徹底して確立していくという問題は、ほんとうに日本共産党らしい支部、温かく戦闘的な支部、そういう党をつくっていく事業であって、いささかもおろそかにできない課題だということを銘記して取り組んでいただきたいと思います。

支部会議に出る、党費を納める、日刊紙を読む――この「党生活確立の三原則」を実行することは、「支部が主役」で全党員が参加する活動を実現するうえで不可欠の課題です。

原則として週1回支部会議を開き、多くの支部員が出席することは、支部活動の出発点であり、原動力です。週単位の活動もできるようになります。決定の討議と具体化と実践、支部の学習、支部員のお互いの近況の交流なども可能になります。

党費を納めることは、党員が日本共産党員としての自覚をもつ証《あかし》になり、党員として党組織の一員として組織に参加し、党を物質的に支えることができます。

党員が日刊紙を読むことで、日々生起するさまざまな内外の諸問題をどう見るか、党員としてどう対応していくべきかについて、自信をもって生活していくうえで知的糧《かて》を得ることができます。毎日、党中央と直結して活動することができます。日曜版ですと発行は週1回で、週1回中央とつながるということになるわけで、毎日起きてくるいろんな問題について、党員らしく判断し、活動し、生活していくということからいえば、日刊紙を全党員が読むということは必須の課題です。

県によっては、生活困難で日刊紙が読めない同志を援助する意味で、県党レベルで募金をよびかけて基金をつくり、経済的な困難をかかえた党員には一定額を援助することをおこなっているところもあります。基本は新入党員教育をきちんとおこない、党員としての自覚を高め、他の支出を削ってでも日刊紙を読んでもらう、そういう気概を持ってもらい覚悟をしてもらうことが共産党員なんだということです。そこを一歩こちらから身を引いて、無理ではないかとの思いで接していたのでは、ほんとうに共産党らしい党をつくっていくことにはならないわけです。そこは配慮が必要ですが、原則を貫くということが大事です。

党の決定・「綱領・古典の連続教室」など、学習を位置づける

日本共産党員としての成長という点では、党大会、中央委員会の決定の全党員読了、綱領と科学的社会主義（古典）の学習を支部に定着させることは欠かせません。これについて話します。

党規約第5条の「党員の権利と義務」の（7）項には「党大会、中央委員会の決定をすみやかに読了し、党の綱領路線と科学的社会主義の理論の学習につとめる」とあります。また、支部の任務を規定した第40条の（3）項には「党大会と中央委員会の決定をよく討議し、支部活動に具体化する」としています。これは、党員が綱領的・世界観的確信、党の方針や政策を身につけてこそ、さまざまな活動で、すべての党員が日本共産党員としての誇りをもち、自発性、積極性を発揮する基礎となるからです。

では、わが党の決定とはどういうものなのか。1987年11月に開かれた第18回党大会の決定では3点をあげています。

「わが党の大会や中央委員会の決定は、第一に、人類の科学的成果を総括した科学的社会主義の立場に立脚したものであり、そのときどきの世界と日本の現状を、事実にそくして全面的に分析したものです。そこにもられた内容は、せまい意味の党派的利益にとらわれない客観的真理のそのときどきの探究であり、それゆえに、それは、つねにもっとも広範な国民

の利益を代表するものです。

第二に、それは、『真理の検証は実践である』という見地にたっています。世界と日本の現代の歴史、そこでのさまざまな実践という客観的な事実をしっかりとみすえ、科学的な分析にもとづいてつくりあげられる決定は、実践のなかでより豊かにされ、発展させられていくものです。

第三に、それは、集団的英知の結晶であるということです。わが党の大会や中央委員会の決定は、党指導部での集団的検討をへて立案され、大会決定の場合は、全党の討議と全党から選出された代議員の討議によって、それぞれ決定されるものです。集団的英知の結晶というこの性格のなかにも、真理を探究する姿勢がつらぬかれているのです。そのことは、決定を討議し、また実践による検証に参加する党員が多ければ多いほど、決定の内容を豊かにすることができるということでもあります」（『前衛』大会特集号、63ページ）

さらに言えば、党大会と中央委員会の決定は、党綱領をそのときどきの情勢に即して具体化したものです。そういうものをすべての党員が読了し、自分のものにすることが日本共産党員として活動していく自覚を高め、どのように活動すればよいのかを自分のものにするうえで不可欠なのです。そういう意味で、いま第26回党大会決定の「3文献」の全党員読了に力を入れています。それは、新入党員教育の内容とともに、第26回党大会水準の質をもった党を建設すること、そして昨年（2013年）の参議院選挙ではじまった〝第3の躍進〟を本格的な流れにし、２０１０年代に「成長・発展目標」を達成し、21世紀の早い時期に、民主連合政府の樹立を実現することをめざしているからです。この決定の徹底の度合いが、党活動の実践を左右します。

過去を振り返ってみますと、大会決定の読了が一番高かったのは第11回党大会の決定です。これは『前衛』１冊で、いまもう一度読み返してみると活字がものすごく小さいんです。いまの私の目ではそのままでは読めません。それぐらいの小さい活字で、しかも『前衛』１冊にびっしりつまっているものを、〝丸ごと読了〟で取り組んだわけです。そして全党的には、77・8％の到達点までいったんです。これは１９７０年です。その時の都道府県単位の最高は京都の93・6％で、90％を超えたのは埼玉（90・３％）を加えてこの2府県。８割台が宮城、大阪、福島、岐阜、北海道、滋賀、東京の７都道府県でしたが、文字通り長い決定を全党員が読了するものとして徹底して努力しました。

これが土台になって、党勢拡大も70年代の初頭に大きな飛躍をとげるし、72年の総選挙で39名が当選する大躍進につながっていきました。これが70年代の党躍進の出発点となり、私たちの歴史的教訓になっています。現在の読了は全党的に４割をこえたところです。ほんとうに２０１０年代を党躍進の時代にするという私たちの決意を実らせるためには、ここを曖昧にして４割の状況で終わらせたら、２０１０年代の展望をひらくことは困難にならざるをえません。全党員読了をめざし、一刻も早く党費納入党員が読了するように本気で取り組んでいくことを強調したいと思います。
綱領の学習の意義については、「県・地区委員長の革命的気概、不屈性、開拓者精神の拠りどころは、綱領路線」のところ（本書、44ページ）でのべました。科学的社会主義の理論を学ぶことは、綱領をより深くつかむ土台であり、社会発展の法則を根底からつかむことができます。

綱領と科学的社会主義の学習を支部で定着させるためには、支部は支部らしい方法で学習する習慣を定着させる援助が大事です。私たちが入党したころは、いろんな古典を読んでも誰も古典について学習を導いてくれる人はいないわけで、読んでもさっぱりわからない、それでも一所懸命読みました。いまは、それらの古典については、不破さんの「連続教室」の講義がＤＶＤになっていますし、３冊の本になって出版されています。それらを視聴したり読んだりすれば、科学的社会主義の基礎的なものは理解できる条件、学習しやすい条件があります。綱領も、志位委員長の「連続教室」がＤＶＤと３冊の本になっていて、あれほど綱領を詳しく、逐条的に全部を解明したものはありません。『古典教室』『綱領教室』（ともに新日本出版社刊）ともに３冊ずつの本になっているわけで、これらを時間がかかってでも支部が系統的に学習に取り組むように努力すれば、綱領と科学的社会主義の理論を深く学ぶことができ、それは必ず支部と党員の成長につながります。支部が、気長にコツコツと学習に取り組めるよう、支部を指導・援助することが大事です。

支部での系統的な学習の条件を築いていくことと、週1回の定期的な支部会議の開催は、重なるものです。毎週支部会議を開いている支部は、一定時間をとって、支部会議のなかで学習をすることが可能になります。月に1回の支部会議ですと、意思統一しなければならないことがたくさんあって、学習の時間をとることが難しくなります。支部会議を開かないところは、まったく学習もできないわけで、「党生活確立の3原則」という課題は、いろんなところに波及する問題だということがいえます。

週1回の支部会議の定例化ともかかわりますが、ぜひ支部が綱領と科学的社会主義の学習にとりくむよう援助・指導していただきたいと思います。

5　世代的継承は戦略的大事業

第26回党大会決議は、2010年代に「成長・発展目標」を達成するために、党勢の倍加と党の世代的継承という二大目標に挑戦することをよびかけ、世代的継承については「わが党の事業を、若い世代に継承していくことは、いま何としても打開しなければならない緊急かつ切実な大問題である」と提起しました。そして、「すべての党機関、支部・グループ、議員団が、世代的継承のための目標と計画を具体化し、この取り組みを軌道にのせることを、2010年代を民主連合政府への展望を開く時代とするうえでの戦略的大事業として位置づけて力をつくす」（『前衛』大会特集号、50ページ）と、綱領的位置づけと意義を鮮明にしました。これは、職場でも、青年・学生のなかでも新しい前進をつくりうる条件と可能性が生まれていることをとらえた、積極果敢な活動を求めた訴えです。

新しい条件と可能性があることは、８月３日の幹部会決議も明らかにしたように、「躍進月間」の取り組みで、58％の地区で青年・学生党員を迎え、69％の地区で職場党員を迎え、党の事業を世代的に継承する、重要な一歩を築いたことでも実証されています。この前進を中断させることなく、世代的継承の事業のいっそうの前進のために取り組みを強めることが大切です。

①　職場支部への指導を系統的に強化する。絶対脇に置かない

職場支部への指導を系統的に強化することを、世代的継承の大事な問題として、提起しています。大会決議では、いまある職場支部の継承・発展ということと、まだ党組織のない職場に党を建設していくということは、日本の労働運動と統一戦線の発展にとっても、ルールある経済社会をつくるという綱領的課題の実現にとっても、不可欠の課題になっていることを明らかにして、これが綱領的課題であると位置づけを明確にしています。

かつて、第23回党大会２中総（２００４年８月）で、当時議長だった不破さんは発言のなか

で、「職場支部の後継者づくりも階級闘争の大きな立場から」とりくむことを強調しました。そこでは、不破さんが鉄鋼労連で活動（50年代から60年代初頭）していた当時、大経営の多くの職場に日本共産党の支部もあれば、社会党の組織もあり、多くの場合、社会党が労働組合を握っていたもとで、資本の側の労働政策が社会党容認からもっと右の方向への切り替えがやられたことで、主要な職場から社会党の姿がほとんど消えていく、これにたいして、どこでも、反共攻撃によるあらゆる迫害・弾圧に抗して生き残り、組織を発展させたのが日本共産党の組織だったという状況を振り返りながら、「私たちがもっている職場支部は、こういう闘争を通じて、大経営などでかちとり維持し発展させてきた陣地」だということ、そこで「後継者づくりに成功しないために、その陣地が消えてゆくとしたら、これは、日本の階級闘争における大後退となります」と述べて、職場支部の後継者づくりも階級闘争の大きな立場から取り組むことの重要性を強調しています。

この位置づけは、第24回党大会でも引き継がれています。決議では、「職場支部は、さまざまな攻撃に抗して不屈にたたかい、組織を維持・発展させてきたが、いわゆる『団塊の世代』の定年退職などを目前にひかえて、かけがえのない職場の陣地をつぎの世代に継承するうえでも、職場支部の活動強化に思い切って力をそそぐことが、強くもとめられる」（『前衛』大会特集号、54ページ）と、職場支部の活動の抜本的強化をはかることを強調しました。

職場支部の後継者をつくるという課題は、日本の革命ということを考えた場合に、ここでわれわれが成功しなければ、階級闘争として大後退につながるものであり、どうしてもここはやりとげなければならない課題なのだという位置づけを、党大会や中央委員会総会で繰り返し強調してきたわけです。

第26回大会決議は、いま、職場での党づくりは歴史的チャンスのときを迎えていること、こうした劇的変化は、自然に生まれたものではなく、党の政治的前進と、職場党組織と党員の不屈の奮闘を続けてきたなかでつくられてきた情勢であるということを評価して、ここに確信をもって歴史的チャンスを生かす具体的な取り組みを、3点提起しています。

1つは、雇用・労働条件の改善などの要求とともに、「社会に役立つ仕事がしたい」という労働者の根本的な要求を重視して、人間的信頼関係を築き、党に迎え入れるということ。

2つ目が、労働者のなかでの党員拡大では、労働組合の違いをこえ、あらゆる労働者のなかに根をおろし、連合系の職場でも、全労連系の職場でも、党をつくったら、つくったところに根をおろして党組織を発展させる、ということです。このことはこれまでも党大会や中央委員会総会でも繰り返し強調していることですが、ややもすると連合系の職場で党員を拡大すると、この人たちを全労連の組合の方に引っ張ろうとする傾向が、善意からの思いなのですけれども、みうけられるからです。

日本共産党として、労働者全体を視野に入れて、労働者全体を統一戦線に結集していく立場に立った時には、全労連とか連合とかを区別するのではなくて、われわれはどこにでも党をつくり、つくったところに根をおろして労働組合の階級的・民主的な強化をはかり、労働者全体を統一戦線に結集していく、そういう革命的見地から党づくりを原則的にすすめようと問題提起をしているのです。

大事なことは、職場では多数派になっている未組織労働者に目を向け、どんどん働きかけて全労連系の組合に加入してもらい、党に入ってもらうということはもっともっと強めなくてはならないと思います。しかし、どんな傾向の労働組合であっても、そこに党をつくり、大きくし、その労働組合を階級的・民主的に強化するようねばり強く奮闘することが大事なのです。この点を是非つかんで指導していただきたいと思うのです。

それから3つ目は、労働者のなかでの党建設を、職場支部だけの仕事ではなく、全党の仕事に位置づけて、党機関、地域支部、議員団の持つあらゆる可能性、条件、結びつきを生かして、労働者を党に迎え入れ、党支部を継承・発展させ、新しいところに党支部をつくることに意欲的にとりくもう、ということです。

今回の「躍進月間」で、実際に、私たちが重視している職場の労働者を地域支部が党に迎えたという経験が、全国各地で生まれました。地域で入党した労働者を勤務している職場支部に加えるということで、その職場支部は非常に元気になっているという例もあります。また、党支部や党員がいない職場に、支部をつくったり、党員を増やし党組織誕生の足掛かりをつくったという経験も各地に生まれています。日本の就業人口の8割は労働者ですから、地域でどんどん党員を拡大していけば、そのほとんどは労働者なのです。そのなかには、私たちが戦略的に見てどうしても党をつくりたいと考えている大事な職場に働いている人たちがいるわけですから、地域で思い切って党員を拡大し、意識的にとりくめば、地域支部が職場に党をつくることができるというような、いまそういう条件があります。ここをもっともっと強めようではないかというのが党大会の方針なのです。この点をぜひ生かしていただきたいということです。

そのうえで、大会決定は、過去3回開かれた「職場問題学習・交流講座」を、全国の職場支部の貴重な実践と努力のなかから教訓化された法則的な前進の方針が盛られているということで、いまでも職場支部が活動していく指針にしています。これを大いに導きにして、せっかく築き上げてきた財産ですからさらに生かしていこうとあらためて確認しています。

これまでの「職場講座」から、大事なポイントはつかんでいただきたいと思います。党機関の指導・援助に関しては、第1回の「学習・交流講座」(2006年4月)の志位委員長の報告で強調されている3つの点が大事です。

1つは、職場で困難な条件のもとで不屈に奮闘してきた同志に心からの敬意をもって接し、苦労に心を寄せ、実情を聞くこと、謙虚に学ぶことからお互いにこの仕事を始めていこうと呼び掛けていることです。これは、非常に大事です。いま、職場支部は、多くの困難を抱えていて、いろんな課題で成果を上げるということにはなかなか結びつかない状況にあります。しかし、困難ななかでも長年、党の旗を守って頑張ってきた同志たちが、職場支部に結集しているわけです。一見したところ、職場支部の同志は、確かに活動的でないし、目を見張るような成果を上げているような状況ではないけれども、その同志たちに接するとき、長年の苦労を苦労としてとらえて、敬意をもって接するということが何よりも大事だと思います。ここから指導を始めようというのが、第1点です。

２つは、職場支部を、直面する課題に役立つかどうかという短期の目で見ずに、長期の目で職場支部の建設をはかり、継承していくための手立てを、一緒になってとることです。いま述べたことと重なりますが、目先の課題で成果が上がるかどうかを、基準にするのでなく、長期の目で、戦略的な位置づけと展望をもって職場支部をとらえる、そういう立場から職場支部に接していく必要があるということをいっています。

それから、３つ目には、職場支部の活動を励ます党機関としての独自の取り組みをおこなうことです。これは、神奈川県委員会や埼玉県委員会などが、職場援助委員会をつくって、地域の支部や党機関が、工場門前でビラを配布して労働者を激励することや、ナショナルセンターの違いをこえた労組への訪問活動などに、系統的にとりくむようになってきました。これは、職場のなかで苦労して活動している職場支部の党員にとっては大きな励ましになっており、活動を支えています。こういう党機関のイニシアチブを発揮した活動をもっともっと強めよう、そのために職場援助委員会の活動を系統化しようというのが、第1回職場講座のなかで強調された大事な点です。

また、職場支部の活動をどう強化するかの問題で、「政策と計画」を難しく考えずに、その土台は、労働者と日常的に結びつき、人間的信頼をつくることの大切なことを解明し、とくに「出発点はあいさつから」の大事さを強調しました。これは、その後、職場支部の活動の出発点として全国に経験が広がりました。

第2回の「学習・交流講座」（2009年4月）では、志位委員長が討論のまとめとして、「中・長期の展望と目標をはっきりさせ、『継続こそ力』でとりくむ」として、4つのことを明らかにしています。

1つは、職場支部が当面のたたかいの方針をもって頑張ることはもちろん大切ですが、息の長い、中長期の展望と目標をはっきりさせて、継続してその実現のために取り組むことの大事さを強く感じたということです。ここでも第1回学習・交流講座と同じように、長期の視野で職場支部をとらえて援助していくことの大事さを強調しています。

2つは、職場支部でも、支部会議を開くことと綱領学習をおこなうという立場で支部を援助していくことの大事さです。ここでは、「知・情・誠実」という3つのことが強調されています。この立場で支部に接して、支部会議を開くことと、綱領学習をやるということが、職場支部を元気にしていくうえで、欠かせない大事な課題であるということが明らかにされたことです。

3つ目に、仕事で信頼されてこそ、労働者から党員は信頼されるということ。職場の労働者は、教員なら教員、自治体労働者なら自治体労働者として、あるいは、民間職場なら民間の労働者として、党員が誇りと使命感をもってまじめに働き、仕事がやれるようになって初めて、同じ仲間の労働者から信頼を得るようになる、党員は仕事のうえでも信頼できるし尊敬できると思われてこそ、党への信頼が生まれるということを強調しています。

最近、教職員支部のなかで党員拡大が進んでいるところの経験を聞きますと、党員は困難ななかで立派な教育実践、子どもの教育について優れた役割を果たしている、そういうなかで、若い先生のあいだで「自分たちが尊敬する先生がみんな共産党員だった」ということを知って、そういう人たちが入党してくるというように、共産党員というのは教職員として立派な人たちだということが、入党を促す力になっています。多くの教職員支部での党員拡大の経験は、仕事での信頼が基礎になっていることが共通しています。

これは、1つの例ですけれども、その他の職種のところでも、職場で仕事をつうじて信頼を勝ち取っているということが、職場支部が党員を拡大していく1つの土台になっていることから、そこを大事にしていこうというのが、討議をつうじて明らかになったことです。

それから、労働組合運動の立場の違いを超えた共同ということで、先ほど述べたことですが、全労連とか連合とかという枠をはめて見るのではなく、一致する要求で共同行動を起こしていこうということです。いまでいう、一致点に基づく共同闘争を職場のなかで大いに発展させようではないか、ということが「第2回学習・交流講座」で強調された点です。

もう1つ、職場支部の活動をどう強化するかというときに、労働者と日常的に結びつき、人間的信頼をつくるという点で、「出発点はあいさつから」ということが、「第1回学習・交流講座」以後、全国の職場支部にかなり広がっていることを先ほど述べましたが、その経験が語り合われたのも特徴です。

これまであいさつもしなかった労働者にも、意識的に、誰に対しても、「おはよう」とあいさつから始めたことで結びつきが強まったとか、「おはよう」だけではだめで、「だれだれさん、おはよう」と、相手の名前をおぼえて、名前をよんであいさつしたらもっと信頼関係が深まったとか、「出発点はあいさつから」ということが一つの合言葉になって、全国の経験として広がりました。実際に、そういうところから、職場支部の同志たちが職場の労働者とつながりを強めて、いろんな活動の出発点になっていったという例がたくさん生まれました。

まずあいさつからということは簡単なことのようですが、少なくない党員は職場のなかで孤立状態におかれていますから、踏み出すうえでは結構勇気がいります。しかし、労働者との人間的連帯感をつくりあげていくうえで、これが非常に大事だとお互いに学びあって、全国各地で努力がされて、職場支部での前進につながっていったということです。

「職場問題学習・交流講座」というのは、困難な条件にある職場支部で不屈に活動を続けてきた同志たちの、血のにじむような苦労と努力を土台にして、職場支部のみなさんの討論を通じて作り上げられた党の財産であり実践の方向を示したものですから、これを大いに生かすことが、職場に後継者をつくり、あるいは、新しく職場に党をつくっていくうえで、導きとなるものです。これは「職場問題学習・交流講座」として『前衛』臨時増刊号で刊行されています。いまの支部活動におおいに生かすことのできるものとして、職場支部への指導・援助のさいに活用していただきたいと思います。

②　党の総力を結集して若い世代のなかでの活動を強める

党の世代的継承という戦略的課題を成し遂げていくためには、職場での党員拡大、職場支部の後継者づくりとともに、青年・学生のなかでの党づくりに、党の総力をあげてとりくむことが決定的に重要です。この課題は、党大会、中央委員会のたびに強調されてきました。第26回党大会決議は、「2010年代を民主連合政府への展望を開く時代とするうえでの戦略的大事業」と位置づけを明確にしました。

若者の前向きな変化と党機関の系統的な指導性の発揮

また、青年・学生のなかで大きな変化が起きていることを、大会決議でも、8月3日（2014年）の幹部会決議でも明らかにしています。憲法、原発、雇用、震災などさまざまな分野で、自発的な行動に参加する若者が急増していること、こうした若者にとって、日本共産党が

〝未来を託せる党〟〝若者の思いを託せる党〟として現われていることは重要なことです。官邸前の毎週金曜日の行動でも、党は一貫して国会議員を先頭に頑張っています。そこに参加する青年たちが、おのずと党との垣根がなくなって、ともに行動し、共同し、協力しているという状況がかつてなく広がってきています。集団的自衛権行使容認の閣議決定以後、いっそう安倍政権の暴走政治は危険だということを肌で感じ、それに立ち向かううえで、日本共産党は青年にとって確かな拠り所として映ってきているのです。

こうした若者のなかに起こっている前向きの変化に着目して、党をあげてとりくみをおこなう姿勢が大切です。

第26回党大会決議はこうした条件を生かし、青年・学生分野での前進を切り開くために、1つは、党機関の系統的な指導性の発揮が決定的であり、党機関がこの問題を正面から議論し、知恵と力を集め、足を踏み出すこと、もう1つは、若い党員や学生支部、民青同盟に対する綱領と科学的社会主義の学習援助に思い切って力を入れること、この2点を強調しています。

青年・学生党員や民青同盟員を成長させる上において、綱領と科学的社会主義の学習やその援助がいかに重要かを示した経験の1つが、今年（2014年）3月の春休みを利用して開催した「学生党員特別講座」です。ここでは、3泊4日の日程で、綱領、科学的社会主義、党建設についての学習をおこないました。その結果、「講座」に参加した学生党員が急速に成長して、今年の学生新歓のとりくみは、自ら学内で同盟員や党員を増やすという力を発揮しました。

これまでは、党機関メンバーや援助者が中心の働きかけでしたが、「講座」に参加した学生党員自らが働きかけの先頭に立ったということでは、学習の効果はてきめんにあらわれています。それだけに、党大会決議の提起を正面からうけとめて、若い党員や学生支部、民青同盟への学習を丁寧《ていねい》にやる、このことへの党機関の援助を強めていくことが大事です。

学生のなかでの党員拡大、党建設の特別の重要性

この問題では特に注意を向けてほしいのは、党中央がこれを単に青年・学生の問題と一般化せずに、学生のなかでの党員拡大がわが党の世代的継承をはかるうえで、決定的なカギとしてとらえていることです。

第25回党大会2中総（2010年9月）の報告で、志位委員長は次のように述べました。

「学生のなかで党と民青同盟をつくることは、学生の切実な要求実現、民主的成長にとっても、また新しい日本を担う各分野の働き手を育てていくうえでも、特別に重要な課題です。学生分野は毎年構成員が大きく交代する特別な条件にあり、系統的援助が不可欠です。この分野での広大な空白の克服は、わが党の世代的継承をはかるうえで決定的カギとなっています」

このことのもつ重大性については、ここで私がこれ以上解説する必要がないほどで、みなさんが日頃痛感されていることだと思います。学生分野での党建設の遅れが、党機関の後継者を

つくるうえでも1つの障害になっているし、労働組合にしても、いろんな民主団体の後継幹部のことを考えても、やはり学生からの担い手がなくなっているために、党組織や民主団体の発展のうえでいろんな障害が生まれています。そういう意味で、学生のなかでの党員拡大は、単に学生の問題だけではなくて、日本のいろんな民主運動を発展させ、それを支えていくうえでの不可欠の課題になっているということです。

わが党にとっても、かつては地方党機関へ行くと、党機関の中心メンバーの大多数は、その地方の大学を卒業した同志たちでした。その方々が党機関の担い手になって、幹部を構成するという状況でした。それがだんだん弱くなってきている状況は、学生のなかでの党員拡大の遅れが反映しているわけで、「青年・学生」ということで一般化せずに、学生のなかでの党建設の問題を戦略的・綱領的課題として位置づけて、一大事業として、全党の力を結集して学生のなかで党を建設する仕事に取り組んでほしいと思います。

この問題では次の点も考えなければなりません。4年たてば学生は卒業するということです。ですから、大学に党を作るという努力は、「いっせい地方選挙があったから」ということで中断する、何々があったからといって中断してはだめです。中断すればその年の学生が空白になり、大学のなかの党は細くなってしまいます。1年たりとも中断してはならない課題なのです。計画性と系統性をもって、いついかなる時も学生のなかで党をつくる課題を握って離さない、そういう姿勢が党機関には求められているということを銘記してほしいと思います。

そういう意味で党中央は、今年（2014年）の春の学生新歓のとりくみにあたり、2月に「しんぶん赤旗」に掲載した論文「『世代的継承』の第一歩として、全党の力で学生新歓の成功を」（16日付）を力にして、取り組みをつよめました。論文が示した方針の中心点は、①学生の意欲・関心にこたえた旺盛な宣伝と対話、②学生の願いと思いをともに実現する活動や知的関心にこたえた取り組み、③「支部が主役」、学生党員・同盟員が主役の新歓、④全党の力を発揮する新歓にするため地区委員会と支部のみなさんの協力をよびかける、というものです。

この「よびかけ」で生まれた新しい特徴が2つあると私は思います。1つは、学生のみなさんの自らの立ちあがりです。この新歓のなかで民青同盟はほぼこの10年来最高の同盟員を迎え、学生班の再建・結成もありました。とりわけ、新歓で迎えた同盟員の成長を支えきれないで、一定期間がたつと後退するというこれまで毎年繰り返してきた状況を打開しているのは、いま述べた学生党員のみなさんです。この人たちが自ら学習と実践を強めて学園に党と民青同盟をつくる努力をしています。そのなかで新しい党員も迎えるということで一定の前進が生まれ、例年の新歓よりも今年は前進がありました。

しかし、これはまだまだ端緒的な第一歩にすぎません。この分野は、まだまだ広大な空白を抱えており、もっともっと中央を先頭にして力を入れなければなりません。

もう1つの特徴は、「全党の総力をあげて」ということを提起した結果、地域支部の年配の同志が、自分の息子や娘さんとか、あるいはお孫さんを、民青同盟や党に迎えようとの思いで、党機関や議員の援助もうけて積極的な働きかけがおこなわれたことです。また、青年・学生、とくに学生のつながりを紹介するということが、地区や県の枠を越えて名簿が提出されるという動きが生まれたことも新鮮なことでした。この全国的な名簿が整理されはじめたのは1つの転機をつくる前進面です。

これらの教訓は、党が総力を挙げてとりくむなら、学生のなかで党員を拡大する歴史的チャンスにあることを教えています。それだけに県委員長・地区委員長は、学生のなかでの党員と民青同盟員の拡大のとりくみが中断しないように、目配りをして必要な手立てをとるようにしていただきたいと思います。

6　支部長、支部指導部の確立への援助は、自主的に活動する支部づくりに不可欠

支部長、支部指導部の確立という問題は、「政策と計画」をもち、「支部が主役」で自覚的に活動する支部を県・地区党組織の大勢にしていくことと不可分です。だからこそ、県・地区の党機関が、支部長、支部指導部の体制を確立することと、その水準を高めるよう援助・指導することが重要です。

この問題では、かつて「支部の活動にたいする指導の重点を、支部指導部の確立と水準向上におく」（第12回党大会6中総報告）という形で深く解明されました。そこでは、支部の建設は、決定にもとづいて自主的に活動をすすめる支部の建設が眼目であること、自前で活動できる支部を建設するには、支部指導部の確立と総合的な活動ができる水準の向上が大切であるとしています。これは、とくに地区委員長のみなさんは、支部を日常的に直接指導する責任を持っておられるわけですから、痛感されていることだと思います。

この点では最近、職場でずいぶん苦労もし、経験も積んできた鍛えられた同志が、職場を定年退職して地域支部に転籍し、そういう同志たちが支部長になったり支部指導部に加わって、地域支部のなかで目覚ましい前進を遂げていることが新しい特徴です。この例は全国の共通した状況です。

もう1つの特徴は、女性の方の活躍です。子育てが終わって、一定の時間の余裕ができた女性の同志たちが支部指導部に加わって、支部が活性化していることです。そういう人たちが支部をささえ、支部の中心になって、支部活動を前進させてきているというのが、頑張っている支部をみるとだいたい共通した点です。

支部指導部をどのようにして構成するかということは、支部が自主的に決めることですが、だからといって支部まかせにしないで、支部長などともよく相談して、その地域にどういう同志がいるかということを検討して、可能性のある同志を支部指導部に加える援助を、党機関としてしっかりおこなっていくことは、非常に大事なことです。

今年（２０１４年）７月の各県からの報告によると支部長のいない支部が１０１７支部（５・２％）あります。こうした支部の多くは、個々の党員の活動はあっても支部としての活動が弱いか、支部会議も開かれずに未活動状態になっています。こうした支部こそ地区が親身になって援助し、早く支部長を選び支部活動を軌道に乗せるようにする援助が急がれます。また支部長だけで副支部長を置いていないとか、支部委員会のないところも少なくないことにも関心を向ける必要があります。

それだけに党機関はイニシアチブを発揮して、支部や支部が担当する地域にどんな党員が在住しているのかをよく掌握して、指導部をどう構成するのか相談に乗ることです。高齢であまり動きまわることはできないが、党活動の経験も人生経験も豊かで、知恵のある同志もいます。経験は少ないが、車も運転できるし、行動力のある同志や主婦の党員で昼間一定の時間がある同志もいます。機関紙や財政、支持者台帳などの実務に堪能な同志など、いろんな同志がいます。それぞれの同志の条件を生かし、指導部を構成できないかなどをよく検討することです。

七　党機関の体制強化と財政確立

では、県・地区委員会の常任委員会の体制の確立についての話に入りたいと思います。

1　常任委員会の確立

県7人以上、地区3人以上の常勤常任委員をめざして努力する。困難はあるが正面から挑戦する

第26回党大会は、常勤常任委員を都道府県委員会は7人以上、地区委員会は3人以上にすることを提起しました。

党大会決議では次のように述べています。

「指導機関の中核をなす常勤常任委員が減少し、中間機関の体制が弱体化していることは、あらゆる活動を促進していくうえで大きな障害となっている。党機関の活動を系統的に発展・強化するためには、専従活動家が指導中核として、日常不断に知恵と経験を蓄積して党組織の指導・援助にあたることが不可欠である。党機関の常勤常任委員を都道府県委員会は7人以上、地区委員会は3人以上にすることをめざす。

党機関の体制と活動の強化のためにも、財政の確立・強化は焦眉の課題である。党機関の長が責任をもって、党費納入の向上を軸にすえ、『財政活動の4原則（党費、機関紙誌代、募金、節約）』の一つひとつを重視して取り組むことが、この問題の前進の大道である。専従者の生活と健康、その活動を、党全体の宝として位置づけ、それを党全体で支える気風をつくる。党機関の指導体制の強化と財政活動の強化が、『好循環』の方向にすすむよう、中央と地方が一体になって力をつくす」（『前衛』大会特集号、54ページ）

党大会への報告では、志位委員長は、なぜそれが必要かについて、「この課題は、2010年代に党勢倍加と世代的継承という党建設の大目標を本気でやり上げようと考えたら、絶対不可欠の課題であります。たしかに困難はともないますが、正面から挑戦をはかることを訴えたい」（同前、97ページ）と述べています。

県・地区委員会は、それぞれの地方・地域で日本共産党を代表する党機関として、直接、県民、住民に働きかける政治活動、国民運動、宣伝活動にとりくみ、各課題での一致点にもとづく共同闘争や「一点共闘」にとりくむとともに、党組織の指導、とりわけ地区委員会は直接支部指導に責任を負っています。この任務を果たすためには、あとで話します非常勤幹部の結集ということも大事ですが、志位委員長も訴えているように、最小限の常任活動家、常勤の専従幹部がどうしても必要です。「専従活動家が指導中核として、日常不断に知恵と経験を蓄積して党組織の指導・援助にあたること」が必要なことは、党中央が強調しなくても、日常の活動のなかでみなさん自身が痛感されていることだと思います。

現状は常勤常任委員7人以下の県委員会が28県あります。地区委員会の状況は、常勤常任6人以上の地区が15地区、5人の地区が12地区、4人の地区が34地区、3人の地区が87地区、2人の地区が79地区、1人の地区が77地区、ゼロの地区が11地区。3人未満の地区が合計167地区、全地区の53・0％と過半数の地区になっています。このことが地区活動のさまざまな困難、障害をもたらす大きな要因になっています。

常勤常任委員の人数は、必ずしも党勢の大きさに比例していません。たとえば党勢が4000人余の県で常勤常任委員が4人というところもあれば、党勢が3000人近くの県で常勤常任が5人というところもあります。

常勤常任委員を県で7人以上、地区で3人以上おけない理由は、大きくいって2つあると思います。1つは、財政問題です。いま1つは、専従活動家になる党員が育っていないことです。

第26回党大会の報告で、志位委員長が「『財政が大変だから常勤者が減るのは仕方ない』と考えるのか、『困難はあっても財政を強化して常勤者を増やそう』と考えるのか。ここが分かれ目だと思います」（同前、97ページ）と指摘していることが大事です。県・地区委員長が先頭に立って、計画的に粘り強く、系統的に正面から挑戦していく以外に道は開けないと思います。財政が困難だからと、財政に合わせて、常勤者を少なくすることは、それだけ指導力が弱まって、支部や地区への指導が行き届かないために、課題が目標どおりに達成できなくなることにつながります。一時期、中央委員会の指導のなかにも、〝財政に合わせて無理をせずに常勤者を絞っていくことが必要〟ととられかねない傾向がありました。その点は中央自身の反省です。

党勢拡大も思うようにいかない、党費も手が届かないために納入が悪くなる、あるいは体制が弱いために機関紙誌代の集金が悪くなり、財政がまた悪化するという循環。この悪化するからまた常勤者を減らすという悪循環で、だんだんと縮小再生産の方向に向かいかねない状況になっています。そうではなくて、困難なもとでも、積極策で必要な常勤者を確保して、その常勤者を維持するためにも、財政活動により積極・果敢にとりくんで財政的保障もつくりあげるという、攻めの姿勢でのぞむかどうかが要《かなめ》になります。

ここのところを自然のなりゆきにまかせると、だんだんと機関体制が弱体化していくことがつづいていくことになる。これは、わが党の前進・発展にとって、解決しなければならない大問題です。

もう1つは、幹部がいない、専従者になる同志がいない、ということも機関体制が弱まっている大きな1つの要素になっています。常勤者が少ない県が、必ずしも、党勢に比例して少なくなっているのではないと先ほどものべましたが、全国の党勢でいえば、中以上の党勢をもっている県委員会に常勤者が３人しかいないとか、それよりもはるかに小さい県に常勤者が７人いるということもおきています。これは財政の問題が中心ではなくて、幹部がいないことが主たる原因で常勤体制が弱まっているというものでした。

主としてこの２つのことが重なりあって、地区委員会や県委員会の体制が弱まってきていることを率直にみなければいけないと思います。この２つの問題を打開しないと、県７人以上、地区３人以上の常勤常任委員にすることはできません。簡単に解決できる課題ではないけれども、計画的な党建設、党勢拡大に粘り強くとりくむことがもとめられるものですから、一定の期間を必要とする課題です。困難をともなう課題だからと先送りし、なりゆきまかせにしていたのでは打開することができないだけでなく、さらに困難を増すことになりかねません。

２　幹部を系統的に育成する――党規約第31条（４）項、第36条（５）項

党機関には、専従活動家をどうつくりだすかという問題があります。この問題の根本的原因は世代的継承のとりくみが遅れてきたことです。

かつて党の専従活動家は、学生党員、民青同盟専従の卒業者、職場支部の若い活動的党員か

ら生まれました。党の専従になれば、収入も少なく生活も大変になることを承知で党の専従になりました。そのことを誇りに思い、希望者が多数いました。

このことでは、私自身もこんな経験があります。そこは一定の党勢のある大事な職場の党組織でしたが、そこから地区委員会の専従者を出してもらうことになったのです。その時、いちばん力のある中心的な同志には、引き続き職場で党をつくらなければならないという理由で、その同志には職場に残ってもらい、その次の同志を専従にしたのです。すると、職場に残って大きな党をつくってもらおうと思っていた中心的な同志の方が怒りだして、「俺は専従になりたいのに、なぜ彼を専従にして、俺を専従にしないのか」としばらく党活動に力が出なくなるという事態になってしまい、説得に相当苦労したという経験もあるほど、みんなが党の専従をめざしたものです。

党に入って活動する以上は、やがては専従になってがんばりたいという、革命的気概に燃えた党風が、党内に満ち満ちていました。ですから、地区委員会の専従者を選ぶときにも、地区党組織で中心になって活動している支部の一番すぐれた同志を専従に選ぶことが可能でした。当時でも党専従になると極端に収入が少なくなりましたが、そのことは二の次で、専従になることを誇りに思って、専従者が選ばれてきたというのが、かつての党でした。

ところが、いまは一定の生活水準を維持しなければなりません。家族もいるもとで、専従者になることに、かつてと比べてもためらいが強くあります。能力もあり、品性上も申し分のない、あの人が専従になってくれれば地区委員会も前進できるという人でも、なかなか専従にはなってくれません。対象者がいないのではなく、専従になってほしい人が専従にならない、という党内の全体の空気が残念ながらあります。

そういう意味では、もっともっと党のなかに革命的気概に燃えて、多少の犠牲があっても、党の専従になって、党を支え、党の前進のために全力をつくすという、そういう気風をみなぎらせていくようにすることも、幹部をつくりだすうえでは大切なことです。また、全党で党の専従者を支えるという党風を強めることも重要だと思います。

後継者づくりは党の前途にとって非常に大事であり、そういう意味で、世代的継承ということを、職場に党をつくるという問題と、青年・学生、とくに学生のなかに党をつくる問題として位置づけなければなりません。これは長期の課題ではありますが、急がなければいけないと思います。年々とりくみを強めて、青年・学生のなかから入党者を増やす、職場のなかで活動する党員を増やす、そういう分野から専従者を送りだす条件がうまれるようにする。このことに本腰をいれてとりくむことが、綱領的・戦略的な課題として重要です。

党中央も若手機関幹部の養成ということで、特別党学校をこの間3回開きました。この県・地区委員長研修会に参加されている地区委員長のかなりの方は特別党学校を卒業された方です。

若い幹部の成長にとって、学習・教育は、非常に大事です。今度の党大会決定でも、県党学校・地区党学校を確立することを提起しています。

みなさんの県委員会のなかにも、若手幹部を養成するために、中央にならって、特別の党学校を系統的にとりくんでおられる県委員会もあります。こういう点は非常に大事で、この間に成長してきた比較的若い同志たちに学習・教育する場を党機関として積極的に提供し、意識的に幹部を養成していく努力を進めていく必要があります。

新しい幹部、若い幹部を積極的に抜擢し任務につける。その際に留意すること

若い幹部を抜擢《ばってき》するとはどういうことでしょうか。品性があり、ある程度の能力をもった同志にたいして、能力は伸ばせるし、発展させられるものだという立場で登用していくということです。大胆に幹部にして、教育もするし、訓練もする、任務も与えて、そのなかで鍛えていくことです。さらに、率直に、自己・相互批判を繰り返すなかで成長を図っていくという立場で幹部を育てていくことが、専従者をつくるためには必要です。そして、少々困難があっても、多少の私生活は犠牲にしてでも専従になろうという気概を持っていただけるように努力していくことが、幹部養成にとっては欠かせない課題だと思います。

但し、品性を欠く同志は抜擢すべきではありません。「若いから少々のことは」と弱点を知っていながら抜擢して失敗している例があります。品性を欠く同志は能力がいくらあっても、これは幹部として採用すると、あとで手痛い目に合うのは、いくつかの県で経験されていることです。品性を欠く人については、絶対に幹部に採用しない。このことを、われわれは大事な基準として守らなければなりません。

また、他の都道府県委員会から転籍してきた同志を活動的だからと、転出元の党組織の意見も聞かずに、専従に採用して失敗した例もあります。

専従になる人がいないという問題の克服には、積極的な党機関の努力が必要です。躊躇せず、いまでも率直に提起すれば幹部になる同志は、どこの党組織にも存在しているという立場で、大胆に、とりくんでいただきたい。みなさんが苦労されている来年（２０１５年）のいっせい地方選挙の候補者が、まだ決まっていないところも、同じ立場で候補者をつくっていくことが大事だと思います。計画的に意識的に力を入れてやらないと後継幹部はつくれません。自然成長にまかせていては、いつまでたっても幹部はできないという立場で、積極的・計画的・系統的に取り組んでいただきたいと思います。

幹部の育成とともに、保全ということも非常に大切です。幹部というのは一朝一夕には育たないわけで、一定の年月をかけて、教育もされ、訓練もされて、実績を積むなかで幹部として育っていくわけですから、幹部を病気のために失うということは、そこの党組織にとっては大打撃になります。

たしかに少数の専従者でやっておられる地区委員会は、なかなか思うように休みがとれない、朝から夜まで長時間の勤務になって、家族との交流、とくに子どもさんとの交流が難しいなかで活動しているというご苦労をかかえています。これは全党的に心配されることで、少数の常任委員会で相談しただけではなかなか解決できることではありません。やはり、〝週に1日はどうしたら休みがとれるのか〟ということを地区委員会総会で率直に提起して、地区委員会全体の協力を求めることも必要になります。

たとえば、〝この日は常勤の同志が休みをとりたいので、非常勤の地区委員が地区委員会事務所に来て頑張ってほしい〟とか、事務所の宿直についても地区委員や支部の信頼できる同志に率直にお願いすることが必要でしょう。党組織がおかれているいまの条件にあわせて、いろんな可能性をもっている同志の力を集めて解決していくことが大切になっていると思います。

少数の常勤者のもとで、週休を確保している地区委員会では、全党に支えられる地区委員会になるという立場で、前向きにとりくんでいます。

もちろん、健康問題では、健康診断を年1回は受けるようにすることも大事です。

幹部を系統的に育成することは、党規約の第31条（4）項と党規約第36条（5）項に「幹部を系統的に育成し、適切な配置と役割分担をおこなう」とあるように、党規約に定められた都道府県委員会と地区委員会の任務でもあります。

県常任委員会の構成で留意すべきいくつかのことについて

最近、県常任委員会の構成にかかわって、非常に気になる傾向が生まれています。そのいくつかについて、述べておきたいと思います。

人事は基本的には、みなさんのところの県委員会・地区委員会の「自治」に属することです。中央役員にかかわる人事については中央委員会の問題ですから、事前に各県と協議して、中央としての意見を述べ、意見をお聞きして、中央委員会と県委員会との間で矛盾が起きないように調整をはかる努力をしています。その他の人事については、たとえば各県の常任委員会の構成については、先にも述べましたが（本書、113～117ページ）、第22回党大会での規約改定によって、地方党機関の人事は「自治」に属することなので、都道府県委員会から相談がある場合には、中央委員会としての考えを述べますが、それ以外はよほどのことがない限り「口」をはさまないようにして、いっさい各県にお任せしています。

そのなかで、気がかりになっていることのひとつは、県常任委員会の構成に、すべての地区委員長を加えているところが増える傾向にあることです。党規約第32条には「常任委員会は、都道府県委員会総会からつぎの総会までのあいだ、都道府県委員会の職務をおこなう」とあります。常任委員会は、都道府県委員会の指導機関です。方針を練りあげ、決定する機関であって、方針を徹底する場ではありません。ここが大事です。

すべての地区委員長を常任委員に加えたら、県委員会として地区に対する指導・援助はどうなるのでしょうか、ということです。そのような体制になってしまうと、結局、地区委員長は全員常任委員会に入って議論をしているからと、常任委員になっている地区委員長にその地区の指導がまかされてしまうようになるでしょう。そうなると、県としての責任ある集団指導がなくなってしまうのではないかということです。熟慮した検討が必要だと思います。

次はいま述べたことと類似しますが、都道府県と地区の指導と被指導の関係の問題です。県副委員長が地区委員長を兼ねているところも増えてきていますが、そこでの問題です。この場合、副委員長が地区委員長になっている地区にたいしては、県委員長以外は指導ができなくならないかという懸念があります。

役職は身分の序列ではなく党規約上の任務の分担ということは、党大会のたびに強調していることです。ですから、県副委員長が地区委員長の任務に就く場合には、県と地区との基本的あり方をふまえて、こだわりなく副委員長の任を解いて地区委員長に専念してもらうほうがよいのでないかと思います。

もう1つは、県委員会総会で、自薦で常任委員に立候補して常任委員になっていることにかかわってです。このような例はいくつかの県で出ていますし、自薦は党規約で認められた権利ですから、そのこと自体なんの問題もありません。問題は自薦があったときに、総会でよく吟味されているかということです。

たとえば、ある県で、地区の機関紙部長が立候補し、県常任委員になりました。しかし、その地区からは地区委員長も副委員長も県常任委員に推薦されており、同じ地区から3人も県常任委員になる結果になりました。その地区には常勤常任委員が2人しかいません。その結果、県常任委員会が地区常任委員会との合同会議のような、異常な事態になっています。

別の県では、任務上常任委員会の会議に出るだけで、日常的には常任委員として活動することができない同志を、自薦で立候補したからと常任委員に選出し、常任委員会の運営上支障をきたしている例もあります。

県常任委員の場合はとくに、自薦されたら無条件に選出するのでなく、常任委員としての任務が果たせるのか、機関構成上どうなるのかを熟慮することが大事です。これは、県役員の任務分担の問題であり、総会で県委員長や常任委員たちが率直に意見を出し、総会が正しく判断できるように役割を果たすべきだと思います。

また常任委員が地区委員の過半数を超えている状況がいくつかの地区から報告されています。これでは常任委員会で決定すれば、地区委員会で審議する余地はなくなります。「地区党会議からつぎの地区党会議までの指導機関は地区委員会である」という党規約第36条に反することになります。事実上、指導機関は地区委員会でなく常任委員会ということになってしまいます。党内民主主義とも合致しないといわなければなりません。すみやかに是正すべきだと思います。

3　広い視野で非常勤幹部を結集して体制の強化をはかる

地区の体制強化のためにできるだけ早く、常勤者を増やす努力を強めなければなりませんが、すぐに常勤者を増やすことは容易でありません。またたとえ県7人、地区3人の常勤常任委員の体制になったとしても、県・地区機関の任務は多面的ですから、それですべての任務がやれるかといえば、そうではありません。今日の情勢にふさわしく、県・地区機関が果たさなければならない任務をやり遂げようとすれば、常勤者の補強とともに、非常勤幹部を思い切って党機関に結集して、党機関の体制を強化することも重要です。

党機関には、対外的な政治活動のほか、党内の政治的・組織的指導とともに、組織、機関紙、財政などの実務や事務所の受付など、実に多面的な任務があります。少数の常勤者ですべてをおこなうことは無理だと思います。

党内にはいろんな能力をもった同志、一定の時間的余裕のある同志などがいます。こうした能力と条件をもった同志を、広い視野に立って結集して党機関の任務に就いてもらうことを積極的におこなうようにしましょう。その点で、奈良県委員会の経験は大変示唆に富んでいると思いますので紹介しておきます。

奈良県委員会では、県の体制の強化のために、非常勤の幹部を全体で15人結集しています。全員ボランティアです。「交通費も要らない」という方もいます。「交通費は支給してほしい」という方もいらっしゃいますが、基本的には、ボランティアで活動しています。

このなかには、県常任委員として、選対副部長、女性部長として活動するとか、あるいは、中心的な自治体の援助の任務に就く方もいます。

いろいろ見てみると、非常に多彩にやっておられます。たとえば、公務員を退職して税理士の資格をもっている同志が、受付や新聞資料の整理など、週3回、県委員会に勤務しておられます。また、大学の仕事を引退した博士号をもった同志もいます。旧建設省の国道事務所出張所長をやっていた方で、労働組合の幹部として活躍してきた同志は、事務所の補修・営繕の任務に就いていています。元中学校の教員をやっていた同志は、週5日、県委員会に出勤して、機関紙実務を担当しています。かつて党専従だった同志は、引き続き、財政部副部長、厚生部長も兼ねて、週5日出勤しています。法律事務所の同志は、週1日、県委員会に出勤して、自分の技術を生かしてホームページを更新しています。元県委員長は、党資料室責任者になって、週1回、資料を全部整理して、活用できるようにしてくれています。

大阪で党専従をやっていて定年で退職したある同志は、週2日、受付を手伝っています。大阪で地区副委員長を経験していた同志にも、週3回、県委員会に勤務して選対部員として活動してもらっています。元赤旗記者が週1回、民報の編集に協力してくれています。元市議会議員の同志は、月に2、3回出勤して、書籍の実務を担当しています。

奈良県委員会では、このように、うらやましいくらい非常勤の同志を県委員会に結集しています。ですから、奈良県委員会に、私たちが電話をすると、こういう同志たちが受付を担当し、非常に丁寧な応対をされます。党外の方が、奈良県委員会に電話をしても、好感をもたれるのではないかと思います。丁寧に電話に出られて、用件を聞いて、ちゃんと取り次いでくださいます。非常に気持ちがいいです。

そういう事はこのような人たちがいなければ、全部専従がやらなければいけなくなるわけです。15人の方が、条件を生かし、能力を生かして、ボランティア的に県委員会を支えてくださっているので素晴らしい県委員会として機能しているのです。

奈良県委員会の専従者も、最盛期と比べれば、少なくなっています。しかし、こうした人たちによって支えられて、奈良は、最近、党勢拡大で、第8回党大会比で伸び率が全国トップになっています。この人たちの力が発揮されている表われだと思います。ですから、みなさんの県や地区でも、本当にそういうつもりになって見ていけば、いろんな可能性があると思います。

奈良は、この問題も中・長期的に見ていることに注目してください。大阪に党の常勤者として通勤していた同志にたいしても、日ごろから、心配りをして、退職するのを待って、県委員会に協力してもらっているのです。そういう努力が、実っていると思います。

わが党には、高齢であっても元気で活動し、しかもいろいろ多彩な能力を持った同志が多く存在しています。これはかつては無かった条件です。こういう同志たちの条件と能力に応じて党機関に結集し、党機関を支えてもらうように努力して、党機関の体制を強化することが大切です。奈良県党の経験をぜひ参考にして生かしていただきたいと思います。

第26回党大会決定では、全国にいる1万人の機関役員の力を総結集し、それぞれの同志の条件に合わせながら、その持てる力を発揮してもらい、地区の専門部や補助指導機関を確立していくことが、党機関の強化にとっては欠かせない課題だと強調しています。

地区役員や県役員が、地区委員会総会や県委員会総会で、お客さんのような状況になっていたら、党機関の力は発揮できません。地区役員、県役員は、地区党会議や都道府県党会議で決定された「総合計画」などの実践と遂行に責任を負う機関メンバーとして選出されたわけですから、本当に、役員にふさわしく、それぞれの条件に応じて、力を発揮していただくための努力がもとめられています。

そのためには、先ほどから強調してきた、党機関での学習や中央決定の討議などを重視して、機関役員としての政治的自覚を高めることが、不可欠です。同時に、専従が減少しているなかで、党機関の体制を維持していくためには、非常勤の幹部を機関の活動に結集することが大事になりますから、この点はもっともっと開拓していくようにしてください。

4　補助指導機関の確立と活用

自治体・行政区ごとに、補助指導機関としての、市・区・町・村委員会が確立され、力を発揮している経験が広がっています。中央から通達も出され、全国の経験なども党中央の担当部局でまとめたものが都道府県委員会に適宜送られています。ですから、多くのことをここで話さなくてもよいと思いますので、基本的なことだけ簡潔に話すことにします。

来年（２０１５年）はいっせい地方選挙ですから、まだ市・区・町・村委員会が確立できていないところは、早く確立するようにしなければなりません。体制が不十分なところは補強し、休眠状態のところは活動を再開するように努力することが必要です。

補助指導機関の確立にあたっては、党規約どおりに、地区の指導のもと地区党会議ごとに支部代表者会議を開き、委員を選出することです。そうなっていないところは早急に是正すべきです。

なお、補助指導機関でも、「成長・発展目標」をもつことが大事です。市・区・町・村で、第1党になることをめざし、政党間の力関係をどのように変えていくのか、長期・短期の政治目標を明確にすること。そして当面する国政選挙、地方選挙での得票目標、支持拡大目標、その実現を保障する党員、日刊紙、日曜版の拡大目標を明確にすることが必要です。

第24回党大会決議で補助指導機関の任務として、「自治体活動に的確に対応するとともに、党活動、党建設を前進させる」（『前衛』大会特集号、53ページ）ことも探求するよう提起しています。

補助指導機関を確立して、一番力を発揮しているのは、支部と議員が協力して、身近な要求実現の運動、対自治体闘争を発展させていることです。また、選挙闘争に支部が共同してとりくむことで成果をあげています。さまざまな要求にもとづく「一点共闘」にとりくむことも大事です。このことが党勢拡大の意欲と条件を広げています。

しかし、地区委員会によってはもっぱら党勢拡大だけを追求するために補助指導機関を活用しようとしているところがあります。そういうところはあまりうまくいっていません。

地区委員会が気をつけなければならないことは、党規約第18条で規定している補助指導機関のあり方の原点を大事にして、要求実現のたたかいと党建設・党勢拡大の「車の両輪」の活動が、自治体・行政区ですすむように、党規約と第24回党大会決議の双方を生かした発展の方向を切り開いていくように留意することです。また、支部のことはすべて補助指導機関まかせで、地区として支部のことはさっぱりわからないということにならないようにしなければなりません。支部にたいする指導責任はあくまでも地区委員会にあることをきちっと守り、堅持することです。補助指導機関を活用する場合にも、ここは絶対に踏みはずさないことが必要です。

そのためには、補助指導機関が開く市・区・町・村委員会に可能な限り地区常任委員会のメンバーが出席するとか、あるいは補助指導機関単位で開かれる支部長会議に地区常任委員会から出席するとか、地区機関としての指導責任を果たしていくことです。

支部の状況はきちんと個別に掌握することが、地区機関の任務です。地区常任委員会がすべて丸投げして、補助指導機関が事実上の地区委員会のようになり、地区委員会が補助指導機関と補助指導機関の調整機関のようになってしまうと、地区機関としての機能を失うことになります。あくまでも政治責任、指導責任は地区委員会にあることを踏まえて、どう補助指導機関を活用するかを考えて活動することを、強調しておきたいと思います。

5　財政の確立・強化――「財政確立4原則」の実践に徹する。他に安易な道はない――党規約第31条（6）項、第36条（6）項

いま1つは、財政の確立の問題です。やはり〝飯も食わずに、専従活動家をやれ〟というわけには、いきません。私たちが、戦後、常任活動家になったときは、世間も戦争直後の貧しい状態でしたから、専従になって、〝飯が食べられない〟〝生活が大変だ〟ということと、世間の大変さがあまり変わりませんでした。ですから、そのことを気にもしないで専従になることもできたという側面もあります。しかし、いまはそういうことはできません。一定の財政的基盤をつくって、生活を保障することをやらなければ専従活動がなりたたないわけですから、党機関の財政確立は必須の課題です。

財政を確立するうえでは、「打ち出の小槌」はありません。奇策的に〝こうすれば、すぐにでも財政が確立できる〟というようなそんなうまい手はありません。県・地区委員会の財政の確立、さらに党中央の財政確立も、日本共産党らしい党づくりを土台にして、やはりオーソドックスにやるべきことをきちんとやり尽くすことしか、党機関の財政を確立する手立てはあり

ません。そういう意味で、基本は「財政確立の4原則」——党費納入、機関紙誌等の事業収入、個人募金、支出改善（節約）——をしっかりと堅持して、財政を確立していく以外に道はないのです。

第22回党大会決議でも次のように指摘しました。

「財政活動を、『専門の裏方の仕事』として軽視せず、『党全体でこの活動にとりくむ』という前大会の提起にそくして、努力がはかられてきた。

この分野のとりくみで、わが党は従来の『三原則の財政活動』——党費納入、機関紙誌等の事業収入、個人募金に、さらに支出改善の努力をくわえて、『四原則』として発展させていく。財政を健全化した経験は、どこでもこの原則をふまえて、機関の責任者が先頭にたって、党全体の力でとりくみの推進をはかっていることが特徴である。こうした努力をさらに粘り強くすすめる。二〇〇四年に竣工《しゅんこう》が予定されている新しい党本部ビル建設のための募金のよびかけに、すでに多くの党内外の方々からの協力がよせられている。募金をよせていただいた方々への感謝をもうしあげるとともに、全党にひきつづきとりくみの強化を訴える。

わが党が、企業・団体献金、政党助成金をいっさい受けとらず、国民と草の根でむすびついた清潔な財政活動をすすめていることは、〝政治と金〟をめぐって深刻な汚職・腐敗事件がくりかえされるなかで、わが党への信頼の大きな源泉である」（『前衛』大会特集号、54ページ）

この点はこれまでも繰り返し強調されてきたことです。この方向で努力し、党機関財政を立て直してきた、県委員会や地区委員会も生まれ、広がりつつあります。

党規約第31条(6)項、第36条(6)項に都道府県・地区委員会の任務として「党組織の財政活動の処理と指導にあたる」とあるように、財政活動を指導することは、県・地区委員会の欠かせない任務です。

党費納入をなぜ特別に重視するのか

財政活動の強化のためには、4原則のすべてが大事な問題です。そのなかで党費の問題をなぜ特別に重視するのかについて話します。

党費の問題は、先ほども「党生活確立の3原則」でも強調しましたが、すべての党員が党費を納入することは、財政問題でもあると同時に、党らしい党をつくっていく基本の問題でもあります。

党費は、なによりも党規約第4条に定めているように党員の資格にかかわる問題です。また党費納入というのは、一人ひとりの党員が党と結びつく基礎となる問題であり、すべての党員が支部に結集する要として位置づけ、日常的に重視してとりくむ必要のある課題です。

だから党費を納めなくなったときには、〝何か異変が起きているのではないか〟とすぐに訪問して、なぜ党費がその月入らなかったのかを確かめることが大事です。たまたま納入時期が遅れたという場合、これはあまり心配することはありませんが、党員として活動していくことに確信を失って、党費を納めなくなったということであれば、その時にしっかり働きかけなければ、手遅れになって、だんだん放置していくうちに、長期に未納になり、「実態のない党員」になってしまうことにもなりかねません。

そういう意味で、毎月毎月の党費が、納入されているか、されていないかということを、党員人生に関わる問題として重視して、党費納入という問題を位置づけることが非常に重要です。党費は単なる財政問題という性格にとどまらない、党員の自覚的結集と党活性化のバロメーターであり、党組織の活力、組織的に団結した党であるかどうかを表わすものです。県委員会・地区委員会にとって、党費が収入に占める比重は決して低くはありません。多くの党員が党費を納入することは、金額だけの問題でなく、党の組織力、財政力を強めます。

もう1つは、全党員が納入することと、規約通り実収入の1％を守ることが、党機関の実際の収入を増やしていくうえで非常に重要だということです。今年（2014年）1月～6月までの上半期の平均党費額が全国的には約60円あがっています。これは、中央財政にとってかなり大きいものです。1人60円でも、納入率7割と考えて、二十数万人の党員の方から党費が納入されるわけですから、これは非常に大きな収入になります。これは地区委員会にとっても、県委員会にとっても同じであり、1％をきちんと守ることは、機関財政の確立にとって重要なことです。

退職金や一時金ももちろん実収入になるので、1%の納入が必要になります。これは党員の自覚にも関わる問題ですが、これがきちんと納入されれば収入はかなり増えます。

「財政活動のしおり」にあるように、支部でよく論議して、全党員が1%納入を厳密におこなうことになれば、もっと党費収入は増えると思います。そういうこともふくめて、党費を中心にした財政活動を強化していくことを強めていただきたいと思います。

「実態のない党員」を大量に離党処理し、「躍進月間」で多くの新しい党員を迎えているにもかかわらず、党費納入率があがらない、納入数が伸びない県・地区も一定数あります。党費ゼロの支部が1割を超えている県・地区もあります。財政問題としても改善が必要ですが、それ以上に党建設の根本にかかわる問題として、県・地区委員長が重視して改善の手だてをとってほしいと思います。

機関紙活動で、対読者100%集金への努力を

それからもう1つ、心配していることは、「しんぶん赤旗」の紙代の納入です。中央との関係でいえば100%納入されている県委員会は多く、年間の紙誌代でいえば100%納入する県委員会が少なくありません。それから、100%納入できなくても翌年の交付金から未納分は差し引かれますから、中央と県との関係では滞納は無くなります。それで一応、中央と県委員会の間は解決しますが、100%納入している県委員会もふくめて、実際に対読者集金でど

れだけ集金がされているのかをもっと注目してほしいと思います。

中央に100％納めた、県委員会に100％納めたということで、終わりではなくて、本当に対読者との関係で紙誌代が、どれだけ集金されているのかということにもっと関心をもって援助していくことが大切です。未集金があれば結局は地区の収入が減ります。本来地区に入るべき収入が入らなくなる問題です。中央は、翌年の交付金から差し引くので、それで終わりになりますが、そこで終わりにしないで、本当に、一人ひとりの読者との関係で、紙誌代の集金がどうなっているのかに、目を届かせていくことが大事です。

このことは、お金の問題であると同時に、読者と党との結びつきの問題でもあります。読者が減っていくことの1つの要因にもなっています。読者と日常的によく結びついて、読者を本当に党の支持者・協力者として関係を深めていくという点からいえば、未集金が生まれるような状況の改善が急がれます。

もちろん、財政活動の側面から見ても、この点はもっと重視していただきたいと思います。またこの点でも、県委員会や中央委員会との関係だけで終わったことにしないで、自分たちの地区でどのくらいの未集金が残っているのかを重視して、未集金を残さないようにしていくことが、地区の財政確立にとって非常に大事な課題だと思います。

中央自身も、中央への紙代納入のことについて見てはいますが、そこまで見届けるということが十分できていないことは、私たちも反省しなければいけません。

地区委員長や県委員長のみなさんには、県・地区財政確立の観点からも、読者との結びつきという観点からも、ぜひよく見届けていただきたいと思います。

募金活動について

すべての党員が党費を納める状況は、単に金額が増えるというだけではなく、党員が党に結集することでそれだけ党の組織力、財政力が強まります。だから党費の金額が増えるということだけではなく、募金を集める力にもなる、また、いろんな活動を強める力にもなる、ということです。

党費納入率が高い地区委員会や県委員会は、募金を集める力も強い。それだけみんなが党に結集しているからです。そこに依拠していくことは、財政全体を強化していくことにつながります。決して、党費納入が何％に増えたということで終わりではありません。

そういう膨らみが生まれてくることで、読者とのつながりの強い党員は、読者から定期的にカンパを集めるという点でも力を発揮します。選挙になれば読者にお願いして、募金に協力してもらううえでも、よく募金を集めてくる党員は、やはり日常の読者とのつながりの度合いが反映しています。そういう問題として、募金活動の問題を見て、財政確立をはかっていくということです。

それから、大会決議で、地区は３人以上、県は７人以上と提起したときに、支部の同志から歓迎の声が寄せられました。支部の同志は、地区や県委員会が強くなって、自分たちへの指導・援助を強めて欲しいという思いがあるからです。だから、3人以上、7人以上の提起について、歓迎する感想が支部の同志たちからたくさん寄せられました。

そういう意味では、地区の財政の状況を支部や党員に率直に訴えることが大切です。〝専従を増やし地区の体制を強めて、活動を強めたい〟という立場で協力を訴えることです。そして、党全体に支えられて地区機関や県機関の財政を確立していくことです。

県委員会や地区委員会の事務所建設や宣伝カーの購入などの募金のときには、支部の同志たちは募金に協力してくれて、多額の募金が集まります。必要性がわかったとき、目的がハッキリしているときの募金は、一番集まりがいいと思います。

だから、いま、地区の体制を強化することがこんなに大事だということが支部や党員にわかってもらえれば、支部や党員の協力を得ることができるでしょう。

同志を信頼する立場に立って、地区財政、県財政を確立していきながら、党大会が提起した専従者を増やしていく問題についても正面から挑戦していただきたい。そこにしか解決の道はないと思って努力していただくことが大事ではないかと考えます。

八　市民道徳と社会的道義を大切にする党建設

第26回党大会決定は、市民道徳と社会的道義を大切にした党建設にとりくむことの重要性を強調しています。この問題は第25回党大会でも指摘されたことです。それは、党内のごく一部ですが、社会のさまざまな病理現象、退廃的風潮に侵され、社会のモラルに反する誤りがおこっており、そのことで党の信頼が傷つき、損なう事態が生じ、その克服が強く求められているからです。

国民多数の支持を得て21世紀の早い時期に民主連合政府を樹立するためには、規律ある党生活を確立し、社会進歩の促進のためにたたかう人間集団にふさわしいモラルを確立することが重要です。これは、いっそう国民に信頼される党として発展していくうえで、不可欠の課題になっていると思います。

1　市民道徳と社会的道義をまもり、社会にたいする責任をはたす

そのためにも、党規約第5条の党員の権利の第1項に「市民道徳と社会的道義をまもり、社会にたいする責任をはたす」と明記されていることを重く受け止め、党機関を先頭に、党規約の精神にたって、率直で活発な、自己・相互批判をおこなって、規律ある党生活を築くことが大切です。

第21回党大会7中総での不破委員長（当時）の規約改定案についての報告では、第5条の「党員の権利と義務」の最初に、なぜ「市民道徳と社会的道義」の問題をうたったかについて次のように述べています。

「党員の問題ですが、党員の権利と義務を、第五条で一本化しました。

これまでは、現行の第二条で党員の義務が八項にわたってのべられ、第三条で党員の権利が七項にわたってのべられていました。改定案では、それをあわせて、『党員の権利と義務』として十項目に整理しました。

そして十項目の冒頭に、『市民道徳と社会的道義をまもり、社会にたいする責任をはたす』という市民道徳と社会的道義の問題をあらたにかかげました。これは『なになにをして

はいけない』という『べからず』式の義務条項ではなく、日本共産党がこの面でも国民と社会の信頼をかちとる役割をはたすという積極条項としてとらえてほしいと思います。日本の社会の現状は、この面でも、党が社会改革の先頭にたつことをつよく求めているからであります。

市民道徳の内容は、とくにここでは規定してありませんが、前回の第二十一回党大会の決議のなかで、教育の問題に関連してでありますが、私たちが考えている市民道徳の項目を提起しました。『人間の生命、たがいの人格と権利を尊重し、みんなのことを考える』、『真実と正義を愛する心と、いっさいの暴力、うそやごまかしを許さない勇気をもつ』に始まり、『男女同権と両性の正しいモラルの基礎を理解する』などもふくむ十項目です。

私たちが前大会で提起したのは、子どもたちの教育の問題としての市民道徳の内容ですが、これらの市民道徳の諸項目は、もちろん子どもたちだけの問題ではありません。私たちは子どもたちが日本社会の構成員として育つうえで不可欠のものとして提起したわけですから、これらは、党活動、党生活の基盤としても大切な意義をもつものです。

この問題を、党員の権利、義務の冒頭にかかげて重視することの意味を、深くとらえてほしいと思います」（『前衛』第22回党大会特集号、147～148ページ）

不破さんは、このように、なぜ「党員の権利と義務」の第1項にこのことを掲げたのか、その意義についてあきらかにしました。

なお、「市民道徳の10項目」（第21回党大会決議　1997年9月）については、次の通りです。


「――人間の生命、たがいの人格と権利を尊重し、みんなのことを考える。

――真実と正義を愛する心と、いっさいの暴力、うそやごまかしを許さない勇気をもつ。

――社会の生産をささえる勤労の重要な意義を身につけ、勤労する人を尊敬する。

――みんなの協力を大事にしながら、自分の責任は自分ではたす自立心を養う。

――親、きょうだいや友人、隣人へのあたたかい愛情を育てる。

――民主的市民（生活）に不可欠な公衆道徳を身につける。

――男女同権と両性の正しいモラルの基礎を理解する。

――次代をになう主権者としての自覚をたかめる。

――侵略戦争や暴力の賛美でなく、真の平和を愛好する。

――他国を敵視したり、他民族をべっ視するのではなく、真の愛国心と諸民族友好の精神をつちかう」（『前衛』大会特集号、25ページ）

これは第21回党大会で、教育の問題のなかで確認した問題ですが、こういう立場で党規約の権利と義務の問題を、社会に責任を果たす立場から提起しています。決して「べからず」という立場から「やってはいけませんよ」という条項として提起しているのではありません。規約改定の意義のところでも言いましたが（本書、83〜85ページ）、日本共産党が日本社会や日本国民にたいして、日本共産党として責任を果たしていくという積極的な立場から提起しています。

自民党政治のもとで、日本社会は政治的腐敗とともに、さまざまな病理現象が蔓延《まんえん》し、退廃的風潮はますますひどくなっています。よほど意識的な努力をしないと党内にもあれこれと浸透してきます。浸透を防ぎ、モラルの面でも国民から信頼される党を築くためには、党機関、支部、グループと党員が、日常の党生活、党活動のなかで、また私生活においても、「市民道徳と社会的道義をまもり、社会にたいする責任をはたす」という党規約の立場にたって、意識的努力を強めることが大事だということをしっかりとらえていただきたいと思います。

2　各分野の国民運動の健全な発展のためにも

第26回党大会での中央委員会報告で、市民道徳と社会的道義を大切にした党づくりで「各分野の国民運動の健全な発展のうえでも、欠くことのできない重要な仕事」と指摘している点も大事な問題です。

国民運動の各分野の団体幹部として活動する党員が、市民道徳と社会的道義から逸脱した行為によって、その団体の前進に重要な障害をつくり、そのことで党への信頼を損なう結果ともなる例が、ごく一部ですがおきています。

安倍政権の「アベノミクス」によって消費税増税、雇用の大破壊、社会保障の解体など、あらゆる面で国民の暮らしを破壊する攻撃が強められているもとで、国民各層の生活を守るための要求は切実なものになっています。「国民の苦難軽減に献身する」わが党の立党の精神にたって、国民各分野の運動の先頭にたって要求の実現・解決のために積極的にとりくまなければなりません。

そのとりくみで留意しなければならないことは、どんな場合にも、要求においても、たたかいの方法・手段においても、広範な国民の支持が得られるような道理と節度ある態度、社会的道義・社会のモラルを堅持することが大事です。こういう情勢ですから、要求が極めて切実で切羽詰まったものも少なくありません。

しかし、いくら要求が切実で一刻も早く解決が求められる場合であっても、「少々問題があっても目をつぶる」とか「多少は無理してでも」などということで、社会的道義・社会のモラルに反するような解決の仕方をとれば、そのたたかいは広範な国民の支持を得ることができず、一定期間たってみると要求の実現も、運動も困難に陥ることになります。その運動団体の発展も阻害されることになります。

各分野の国民運動団体の幹部として活動する党員は、その団体の規約を守り、その運動団体が社会的道義・社会のモラルを守り、広範な国民の支持を得て健全に発展するように、積極的役割を果たすことが求められていることを強調しておきたいと思います。

むすびに

これで講義を終わりますが、多くのことをいろいろ話しました。

一部の方から「あれも大事、これも大事と多くのことが強調され、頭がいっぱいになり、どこから手をつければよいのか悩む」という感想がだされていると聞きました。みなさんを悩ませたとしたら、それはこの研修会の意とするところを十分に伝えることができなかった講義の不十分さにあり、私の責任です。

私たちは、第26回党大会が示した、２０１０年代に「成長・発展目標」を達成し、「21世紀の早い時期に民主連合政府を樹立する」という壮大な展望の実現に向かって、知恵と力をつくし努力をしています。とりわけ最もおくれた課題となっている、質量ともに強大な党を建設することに心血をそそいでいます。

その時に、県、地区委員長のみなさんが、今日まで長期にわたる苦闘のなかで党が蓄積し築きあげてきた「党建設の基本方針・方向」「党機関の運営の在り方」についての「そもそも論」をつかみ、党組織の長として、「大きな志と高い構え」で、第26回党大会決定実践の先頭に立っていただきたいという思いで、おこなった講義です。

したがって講義で述べた一つひとつの細部にとらわれないで、２０１０年代を党躍進の歴史的な時期にする、民主連合政府樹立に向かって大きく前進する時代とするために、開拓者精神と不屈の戦闘性を発揮し、大胆に挑戦していただくことを強く願うものです。この講義がその活動で多少とも役立てていただければ幸いです。

これで講義を終わりたいと思います。長時間の受講ご苦労さまでした。

資料① 2014年衆院選比例得票 得票率別自治体・行政区数

県名	衆院比例県別得票							得票率別自治体・行政区数								
	1996年		2012年		2014年			自治体・行政区数	20%以上		20～10%		10～5%		5%未満	
	得票	得票率	得票	得票率	得票	得票率	政党順位		数	率	数	率	数	率	数	率
北海道	396,923	15.1	182,968	7.0	302,251	12.1	4	188			91	48.4	91	48.4	6	3.2
青森	60,362	8.7	38,086	6.4	54,709	10.8	5	40			14	35.0	20	50.0	6	15.0
秋田	59,643	10.0	26,694	4.8	37,881	7.8	5	25					24	96.0	1	4.0
岩手	58,175	8.3	40,896	6.3	62,846	10.8	4	33			15	45.5	17	51.5	1	3.0
宮城	113,840	11.8	63,608	6.2	97,523	10.7	5	39			19	48.7	20	51.3		
山形	57,219	8.9	28,219	4.7	44,833	8.4	5	35			1	2.9	30	85.7	4	11.4
福島	93,551	9.2	59,335	6.5	82,019	10.0	5	59			15	25.4	42	71.2	2	3.4
東京	923,764	17.8	484,365	7.4	885,927	15.4	3	62	1	1.6	56	90.3	4	6.5	1	1.6
埼玉	437,587	16.2	227,281	6.9	410,583	13.7	5	72			70	97.2	2	2.8		
茨城	112,660	9.2	61,442	4.4	122,146	9.5	5	44			9	20.5	35	79.5		
栃木	69,507	8.5	28,061	3.2	63,835	8.1	5	25			3	12.0	22	88.0		
群馬	103,038	11.6	50,461	5.6	90,329	11.1	5	35			14	40.0	20	57.1	1	2.9
神奈川	499,274	14.3	260,109	6.0	476,309	12.2	4	58			48	82.8	10	17.2		
千葉	333,068	14.0	162,004	5.6	294,117	11.5	5	59			36	61.0	22	37.3	1	1.7
山梨	49,409	12.4	25,777	6.0	43,208	10.9	5	27			11	40.7	13	48.1	3	11.1
長野	151,303	13.3	95,830	8.9	140,123	14.9	4	77	4	5.2	70	90.9	3	3.9		
新潟	122,521	9.8	59,154	5.2	89,794	9.0	4	37			9	24.3	26	70.3	2	5.4
石川	42,473	7.6	23,736	4.2	33,244	7.4	5	19					14	73.7	5	26.3
富山	39,714	7.5	17,411	3.5	29,410	7.2	5	15			1	6.7	14	93.3		
福井	31,653	7.5	14,088	3.6	22,500	7.2	5	17					16	94.1	1	5.9
静岡	200,990	11.9	91,817	5.0	153,272	9.3	5	43			7	16.3	36	83.7		
愛知	346,700	12.2	193,332	5.7	308,100	9.9	5	69			31	44.9	37	53.6	1	1.4
岐阜	113,823	11.5	55,754	5.5	84,756	9.9	5	42			7	16.7	34	81.0	1	2.4
三重	94,524	11.1	46,558	5.2	72,567	8.9	5	29			3	10.3	26	89.7		
大阪	679,821	18.9	314,840	7.7	449,059	12.7	4	72			66	91.7	6	8.3		
兵庫	335,352	14.3	160,439	6.2	260,848	11.6	5	49			29	59.2	20	40.8		
京都	263,270	24.0	138,376	11.6	193,596	18.6	2	36	7	19.4	29	80.6				
滋賀	87,836	15.0	42,169	6.2	67,057	11.3	4	19			14	73.7	5	26.3		
奈良	98,401	15.0	42,219	6.0	68,025	11.0	5	39			15	38.5	17	43.6	7	17.9
和歌山	74,492	14.1	34,933	7.0	45,569	11.1	5	30			20	66.7	9	30.0	1	3.3
岡山	87,325	9.1	45,950	5.4	72,725	9.4	5	30			9	30.0	21	70.0		
広島	110,088	8.6	59,892	4.6	107,749	9.5	5	30			8	26.7	22	73.3		
山口	83,603	11.7	33,527	4.8	50,048	8.2	5	19			1	5.3	18	94.7		
鳥取	30,849	10.3	15,276	5.2	22,596	9.0	5	19			2	10.5	17	89.5		
島根	44,243	10.2	20,003	5.3	32,106	9.6	5	19			7	36.8	11	57.9	1	5.3
香川	40,090	8.8	18,688	4.0	27,266	6.8	5	17					15	88.2	2	11.8
愛媛	64,412	9.2	27,308	4.0	39,376	6.9	5	20					15	75.0	5	25.0
徳島	44,881	12.0	19,466	5.3	30,152	10.2	5	24			9	37.5	14	58.3	1	4.2
高知	77,631	22.0	41,514	12.7	62,054	20.3	2	34	9	26.5	23	67.6	2	5.9		
福岡	262,914	12.4	132,687	5.8	204,164	10.4	5	72			34	47.2	37	51.4	1	1.4
佐賀	29,843	7.2	16,087	3.9	20,939	5.5	5	20					7	35.0	13	65.0
長崎	54,915	7.6	28,155	4.1	42,609	7.5	5	21			1	4.8	19	90.5	1	4.8
熊本	59,947	6.8	34,880	4.2	57,965	8.2	5	49			5	10.2	42	85.7	2	4.1
大分	47,609	7.8	24,351	4.1	39,940	7.6	6	18			1	5.6	15	83.3	2	11.1
宮崎	40,359	7.5	23,374	4.6	37,774	8.4	5	26			2	7.7	18	69.2	6	23.1
鹿児島	53,965	6.7	28,428	3.7	49,352	7.3	5	43			6	14.0	29	67.4	8	18.6
沖縄	85,176	17.8	49,611	8.4	79,711	14.3	4	41	2	4.9	24	58.5	14	34.1	1	2.4
全国計	7,268,743	13.1	3,689,159	6.1	6,062,962	11.4	5	1896	23	1.2	835	44.0	951	50.2	87	4.6

資料②　2013年参院選比例得票　得票率別自治体・行政区数

県名	参院比例県別得票							得票率別自治体・行政区数						
	1998年		2010年		2013年			自治体・行政区数	10%以上		10～5%		5%未満	
	得票	得票率	得票	得票率	得票	得票率	政党順位		数	率	数	率	数	率
北海道	456,874	17.4	186,333	6.7	261,324	10.8	5	188	65	34.6	93	49.5	30	16.0
青森	74,596	10.6	28,749	4.8	47,484	9.3	4	40	9	22.5	21	52.5	10	25.0
秋田	64,650	11.0	25,680	4.4	31,894	6.5	5	25		0	22	88.0	3	12.0
岩手	69,453	10.2	36,263	5.7	54,057	9.1	4	33	8	24.2	24	72.7	1	3.0
宮城	113,346	12.0	49,179	5.0	79,787	8.5	6	39	5	12.8	31	79.5	3	7.7
山形	57,148	9.4	24,064	4.0	33,888	6.1	5	35		0	16	45.7	19	54.3
福島	120,808	11.8	49,910	5.1	74,895	8.9	4	59	7	11.9	41	69.5	11	18.6
東京	1,017,750	18.9	497,151	8.2	772,500	13.7	2	62	55	88.7	6	9.7	1	1.6
埼玉	509,938	17.9	217,572	6.9	334,342	11.3	5	72	52	72.2	20	27.8		0
茨城	115,100	10.1	52,712	4.1	82,608	7.1	6	44	3	6.8	33	75.0	8	18.2
栃木	75,144	8.9	23,753	2.6	37,574	4.8	6	25		0	10	40.0	15	60.0
群馬	117,786	12.8	45,004	4.9	65,723	8.1	6	35	1	2.9	28	80.0	6	17.1
神奈川	565,282	15.7	242,193	6.1	400,561	10.2	6	58	29	50.0	29	50.0		0
千葉	386,036	16.1	147,945	5.5	232,500	9.5	6	59	11	18.6	46	78.0	2	3.4
山梨	54,317	12.9	22,549	5.2	33,285	8.8	6	27	3	11.1	16	59.3	8	29.6
長野	180,340	16.5	85,213	7.7	135,669	13.9	3	77	70	90.9	7	9.1		0
新潟	143,735	11.5	59,011	5.1	77,965	7.5	5	37	3	8.1	29	78.4	5	13.5
石川	49,508	9.1	20,549	3.8	29,869	6.0	5	19		0	8	42.1	11	57.9
富山	49,258	9.5	17,155	3.0	20,720	4.8	8	15		0	4	26.7	11	73.3
福井	32,564	8.3	13,944	3.4	19,813	5.8	5	17		0	11	64.7	6	35.3
静岡	223,738	13.7	86,891	5.1	110,763	7.3	6	43	1	2.3	32	74.4	10	23.3
愛知	368,872	12.6	169,431	5.2	264,010	8.7	6	69	20	29.0	46	66.7	3	4.3
岐阜	115,927	11.4	48,782	5.0	73,864	8.6	5	42	2	4.8	38	90.5	2	4.8
三重	96,711	11.3	38,618	4.3	58,129	6.9	5	29		0	26	89.7	3	10.3
大阪	773,856	19.7	359,723	9.3	436,879	11.9	4	72	61	84.7	11	15.3		0
兵庫	407,470	17.2	162,539	6.8	223,962	9.6	5	49	11	22.4	38	77.6		0
京都	287,014	25.6	150,906	13.8	182,396	17.2	2	36	36	100.0		0		0
滋賀	100,032	15.9	51,621	7.9	60,561	10.5	4	19	9	47.4	10	52.6		0
奈良	104,803	15.9	46,224	7.0	61,541	9.9	5	39	10	25.6	22	56.4	7	17.9
和歌山	77,566	15.0	36,117	7.5	45,461	10.3	4	30	14	46.7	15	50.0	1	3.3
岡山	94,601	10.2	44,115	5.0	62,377	8.3	5	30	5	16.7	24	80.0	1	3.3
広島	135,083	10.6	52,703	4.4	82,740	7.3	5	30		0	28	93.3	2	6.7
山口	101,623	13.6	34,838	4.8	45,835	7.9	4	19		0	17	89.5	2	10.5
鳥取	35,102	11.0	14,235	4.6	19,707	7.2	4	19		0	14	73.7	5	26.3
島根	44,805	10.5	18,611	4.5	23,931	6.9	5	19		0	13	68.4	6	31.6
香川	50,223	11.8	20,308	4.4	28,108	6.7	5	17		0	14	82.4	3	17.6
愛媛	73,895	11.2	27,832	4.2	40,283	7.1	6	20		0	16	80.0	4	20.0
徳島	50,569	14.2	19,344	5.2	25,086	8.1	5	24	3	12.5	18	75.0	3	12.5
高知	66,718	19.7	34,857	9.8	49,515	16.5	3	34	28	82.4	6	17.6		0
福岡	308,353	14.9	127,584	5.7	182,527	9.2	5	72	17	23.6	54	75.0	1	1.4
佐賀	37,409	9.5	14,374	3.4	21,634	6.2	5	20		0	15	75.0	5	25.0
長崎	65,434	10.2	23,215	3.4	32,779	5.4	5	21		0	10	47.6	11	52.4
熊本	78,542	9.2	28,662	3.2	43,595	5.8	6	49	1	2.0	24	49.0	24	49.0
大分	58,779	9.5	25,025	4.2	34,653	6.9	6	18	1	5.6	13	72.2	4	22.2
宮崎	51,274	9.9	18,574	3.6	28,414	6.4	5	26		0	17	65.4	9	34.6
鹿児島	68,813	8.0	27,343	3.5	37,503	5.5	5	43	1	2.3	17	39.5	25	58.1
沖縄	64,233	12.4	36,155	6.8	51,347	9.4	5	41	8	19.5	22	53.7	11	26.8
全　国	8,195,078	14.6	3,563,557	6.1	5,154,055	9.7	5	1896	549	29.0	1,055	55.6	292	15.4

※選挙後栃木県岩舟町が栃木市に編入したので反映しています。

資料③　地方議会の議員数・議席占有率・政党順位、空白議会数

県名	地方議会（2014・8・2）							
	議会数	議員数		政党順位（2013·12·31総務省調べ）				空白議会
		数	占有率	県議会	市区議会	町村議会	合計	市区町村
北海道	180	174	6.97	4	4	1	1	63
青森	41	34	4.97	3	2	1	2	19
秋田	26	36	7.05	4	1	1	1	5
岩手	34	60	9.04	4	1	1	1	3
宮城	36	63	8.73	3	1	1	1	5
山形	36	38	6.54	4	1	1	2	9
福島	60	67	6.75	3	1	1	1	20
東京	63	247	13.58	3	3	2	3	6
埼玉	64	159	11.37	4	2	2	2	7
茨城	45	57	5.97	4	2	2	2	6
栃木	26	21	3.61	（空白）	3	1	4	7
群馬	36	39	5.85	4	2	1	2	11
神奈川	34	72	8.00	（空白）	4	2	4	1
千葉	55	96	7.30	4	2	1	3	6
山梨	28	24	5.06	2	2	1	2	11
長野	78	130	11.47	2	1	1	1	8
新潟	31	57	8.42	4	1	1	1	4
石川	20	17	4.42	4	2	3	2	6
富山	16	17	5.30	4	2	2	2	3
福井	18	21	6.09	3	1	1	2	3
静岡	36	49	6.48	（空白）	2	1	3	3
愛知	55	92	7.09	（空白）	2	1	2	6
岐阜	43	38	5.52	4	3	1	3	14
三重	30	40	6.80	（空白）	2	1	2	6
大阪	44	148	13.74	4	2	1	2	
兵庫	42	99	10.14	4	2	1	2	3
京都	27	107	18.38	3	1	1	1	
滋賀	20	48	11.19	（空白）	1	1	1	
奈良	40	58	10.39	3	2	1	1	9
和歌山	31	49	10.32	2	2	1	1	6
岡山	28	39	6.98	4	2	1	2	4
広島	24	27	4.65	4	2	2	3	6
山口	20	32	7.24	4	2	1	3	4
鳥取	20	24	7.48	4	2	1	1	3
島根	20	21	5.83	3	2	1	1	6
香川	18	17	4.89	3	4	1	3	4
愛媛	21	20	4.40	5	3	1	3	5
徳島	25	27	6.31	3	2	1	1	8
高知	35	53	10.62	2	1	1	1	8
福岡	61	75	6.29	（空白）	2	2	3	16
佐賀	21	23	5.79	3	2	1	2	6
長崎	22	18	3.82	4	4	1	4	8
熊本	46	29	3.79	3	3	1	2	22
大分	19	23	5.42	5	3	2	3	5
宮崎	27	22	4.73	5	4	2	3	9
鹿児島	44	30	3.94	3	2	1	2	22
沖縄	42	43	6.11	3	2	1	1	19
全　国	1,788	2,680	7.83	4	2	1	3	405

資料④　各年代の党勢の変化（第８回党大会時現勢を100とした各党大会時現勢の指数）

県名	党員						日刊紙						日曜版					
	60年代	70年代	80年代	90年代	2000年代	2010年代	60年代	70年代	80年代	90年代	2000年代	2010年代	60年代	70年代	80年代	90年代	2000年代	2010年代
	11大会 70/7	15大会 80/2	19大会 90/7	22大会 00/11	25大会 10/1	26大会 14/1	11大会 70/7	15大会 80/2	19大会 90/7	22大会 00/11	25大会 10/1	26大会 14/1	11大会 70/7	15大会 80/2	19大会 90/7	22大会 00/11	25大会 10/1	26大会 14/1
北海道	404	699	782	559	564	423	494	977	698	429	306	261	798	1,740	1,467	949	679	582
青森	339	468	535	436	446	366	373	677	573	362	258	226	711	1,372	1,288	810	634	554
秋田	323	495	410	342	370	288	371	655	505	285	189	169	632	1,403	1,136	733	482	411
岩手	495	513	538	413	454	373	328	438	309	212	166	154	523	729	628	485	394	359
宮城	320	593	519	486	482	366	429	720	462	321	240	214	620	1,384	1,179	801	622	535
山形	300	507	552	498	491	380	322	449	373	288	220	199	504	941	856	671	516	443
福島	228	363	433	322	347	269	286	515	416	278	215	192	397	929	848	639	528	459
東京	301	383	362	296	288	194	372	508	356	239	172	151	550	896	663	441	304	259
埼玉	424	987	1,300	1,265	1,245	1,023	688	1,802	1,783	1,269	957	841	1,145	3,126	3,567	2,708	2,001	1,729
茨城	181	342	374	302	304	260	243	415	407	281	213	188	329	733	839	573	457	397
栃木	313	584	658	559	546	373	532	753	623	427	307	269	897	1,631	1,433	1,181	797	692
群馬	223	301	306	268	305	220	256	455	357	221	173	150	492	933	748	545	421	353
神奈川	360	508	536	452	461	357	526	765	627	405	313	284	822	1,480	1,155	794	596	514
千葉	380	885	1,044	930	1,068	841	604	1,319	1,204	885	707	647	798	2,517	2,231	1,752	1,384	1,236
山梨	244	459	529	468	466	369	294	676	505	336	246	232	654	1,344	1,319	1,091	777	641
長野	347	437	462	342	353	282	355	739	423	248	189	183	524	1,011	669	460	350	317
新潟	198	250	270	215	222	172	221	326	280	191	136	116	414	834	731	554	435	354
石川	257	366	343	293	327	286	309	517	361	263	243	219	293	764	622	454	390	353
富山	244	477	442	365	387	324	240	618	453	305	209	181	407	1,326	846	632	470	393
福井	244	384	450	409	430	327	251	602	414	276	204	177	575	1,293	1,275	875	670	580
静岡	370	542	581	463	469	359	411	694	485	346	257	227	675	1,542	1,275	991	724	628
愛知	331	544	650	578	647	408	349	635	569	385	286	250	411	1,069	949	713	499	409
岐阜	246	465	522	459	480	388	287	636	554	390	286	251	389	1,180	1,142	826	580	478
三重	345	495	536	487	513	348	388	718	623	466	323	286	601	1,579	1,410	1,150	809	689
大阪	416	638	687	582	623	480	438	928	684	418	286	236	757	1,613	1,341	873	602	495
兵庫	272	455	490	429	446	334	282	607	406	277	201	173	360	874	732	533	373	310
京都	357	653	694	589	594	468	540	920	596	353	252	220	817	1,533	1,092	655	461	385
滋賀	375	1,039	1,459	1,320	1,461	1,198	577	1,386	1,506	1,102	879	774	701	2,066	2,051	1,719	1,357	1,154
奈良	373	788	1,082	1,108	1,354	1,283	536	1,319	1,757	1,134	986	861	838	2,735	3,585	2,764	2,168	1,892
和歌山	285	427	506	449	499	418	409	879	689	424	299	255	651	1,575	1,321	868	632	527
岡山	209	373	454	380	490	374	218	605	461	271	189	165	250	1,061	891	610	402	335
広島	331	487	606	464	459	356	261	515	429	227	153	134	394	934	821	529	343	287
山口	284	455	512	426	453	341	261	572	550	325	204	167	398	1,195	1,280	862	585	467
鳥取	242	334	381	331	381	218	402	753	476	301	189	170	492	1,019	777	726	471	405
島根	310	476	514	427	506	401	447	1,057	743	411	290	259	732	1,802	1,395	1,203	956	829
香川	254	557	604	573	745	485	442	1,256	697	423	315	268	504	1,630	1,208	790	604	496
愛媛	198	272	287	235	267	189	214	317	333	192	140	112	345	607	573	446	300	223
徳島	298	435	576	486	653	435	300	646	541	375	274	244	513	1,216	1,076	702	499	415
高知	298	390	418	348	367	296	302	528	320	210	153	134	535	892	702	436	308	260
福岡	416	376	386	309	362	251	478	504	334	220	170	147	641	835	562	445	311	262
佐賀	235	380	403	309	361	274	219	308	252	135	104	88	403	654	598	435	317	267
長崎	276	625	494	482	526	320	286	777	519	291	208	184	460	1,200	999	706	510	464
熊本	301	524	513	389	433	367	407	691	496	313	253	224	563	1,215	989	729	589	522
大分	310	486	607	464	516	390	265	846	517	242	174	153	543	1,395	1,217	720	575	490
宮崎	313	643	695	515	546	353	363	1,540	842	378	260	253	633	2,224	1,383	922	700	598
鹿児島	271	547	511	413	448	350	336	728	609	391	271	231	505	1,597	1,483	1,240	934	758
沖縄		336	418	325	382	302		227	214	139	94	86		442	487	356	208	189
全　国	321	493	527	439	462	347	383	681	513	332	243	213	573	1,191	988	695	503	428

※沖縄は12回党大会が基点です。

資料⑤-1　60年代からの党員現勢の推移（各党大会時の人口比で）

県名	党員（人口比）													
	60年代				70年代		80年代		90年代		2000年代		2010年代	
	8大会 61/7		11大会 70/7		15大会 80/2		19大会 90/7		22大会 00/11		25大会 10/1		26大会 14/1	
	率	順	率	順	率	順	率	順	率	順	率	順	率	順
北海道	0.08	17	0.32	8	0.53	5	0.57	5	0.41	6	0.42	7	0.32	7
青森	0.06	25	0.20	20	0.27	28	0.32	21	0.26	22	0.28	21	0.24	15
秋田	0.08	13	0.29	9	0.45	7	0.38	10	0.33	10	0.38	11	0.31	9
岩手	0.08	18	0.41	6	0.42	8	0.44	7	0.34	8	0.40	8	0.34	6
宮城	0.07	19	0.24	15	0.39	9	0.32	22	0.28	15	0.28	24	0.21	23
山形	0.05	37	0.16	27	0.27	30	0.29	29	0.27	21	0.28	24	0.22	18
福島	0.07	20	0.18	22	0.28	25	0.32	20	0.24	29	0.26	28	0.21	23
東京	0.21	1	0.54	2	0.67	2	0.61	3	0.50	3	0.46	5	0.30	10
埼玉	0.06	30	0.16	30	0.26	32	0.31	24	0.26	23	0.24	31	0.20	31
茨城	0.06	24	0.11	43	0.18	46	0.18	46	0.14	47	0.14	47	0.12	46
栃木	0.03	46	0.10	46	0.17	47	0.18	47	0.14	46	0.14	46	0.09	47
群馬	0.12	8	0.25	13	0.30	19	0.29	30	0.25	26	0.28	23	0.20	30
神奈川	0.12	6	0.29	10	0.32	16	0.30	27	0.23	31	0.22	38	0.17	36
千葉	0.05	35	0.14	40	0.23	36	0.24	39	0.19	40	0.21	40	0.16	37
山梨	0.06	28	0.15	33	0.27	31	0.30	26	0.25	25	0.25	29	0.20	28
長野	0.14	3	0.51	3	0.61	3	0.63	2	0.45	4	0.47	3	0.38	4
新潟	0.13	5	0.26	11	0.32	15	0.34	17	0.27	19	0.29	20	0.23	17
石川	0.08	12	0.21	18	0.27	28	0.25	37	0.21	37	0.23	36	0.20	27
富山	0.07	23	0.16	29	0.30	21	0.27	33	0.22	32	0.24	33	0.20	29
福井	0.06	28	0.15	35	0.22	40	0.24	38	0.22	34	0.24	35	0.18	35
静岡	0.05	33	0.17	23	0.23	38	0.23	41	0.18	42	0.18	44	0.14	45
愛知	0.08	14	0.22	16	0.31	18	0.34	16	0.29	13	0.31	17	0.19	33
岐阜	0.07	22	0.16	27	0.28	26	0.30	27	0.25	24	0.27	27	0.21	22
三重	0.05	34	0.17	23	0.23	37	0.24	40	0.20	38	0.22	39	0.15	41
大阪	0.12	7	0.36	7	0.50	6	0.51	6	0.43	5	0.46	4	0.35	5
兵庫	0.08	15	0.21	19	0.32	17	0.33	19	0.27	17	0.28	22	0.21	25
京都	0.19	2	0.60	1	1.00	1	1.01	1	0.87	1	0.88	1	0.69	1
滋賀	0.04	42	0.14	38	0.34	12	0.42	9	0.34	9	0.36	13	0.29	11
奈良	0.04	42	0.13	42	0.21	41	0.25	34	0.24	28	0.30	19	0.28	12
和歌山	0.09	11	0.25	12	0.37	11	0.44	8	0.39	7	0.45	6	0.39	3
岡山	0.08	15	0.17	25	0.28	27	0.33	18	0.27	19	0.35	14	0.27	13
広島	0.05	35	0.16	31	0.21	43	0.25	36	0.19	41	0.18	43	0.14	42
山口	0.05	38	0.14	38	0.23	39	0.25	35	0.22	35	0.24	32	0.18	34
鳥取	0.10	10	0.25	14	0.33	14	0.37	11	0.32	11	0.38	12	0.22	18
島根	0.06	27	0.22	16	0.33	13	0.36	13	0.31	12	0.38	10	0.31	8
香川	0.06	30	0.15	35	0.29	22	0.31	23	0.29	13	0.39	9	0.25	14
愛媛	0.07	21	0.15	32	0.20	45	0.21	43	0.18	43	0.20	41	0.15	40
徳島	0.05	39	0.15	35	0.21	43	0.27	31	0.23	30	0.32	15	0.22	18
高知	0.13	4	0.43	5	0.55	4	0.59	4	0.50	2	0.56	2	0.46	2
福岡	0.11	9	0.45	4	0.38	10	0.36	12	0.28	16	0.32	16	0.22	21
佐賀	0.06	25	0.16	26	0.26	33	0.27	32	0.21	36	0.25	30	0.19	32
長崎	0.03	44	0.11	44	0.25	34	0.20	44	0.20	39	0.23	37	0.14	43
熊本	0.04	41	0.14	40	0.24	35	0.22	42	0.17	44	0.19	42	0.16	37
大分	0.06	30	0.19	21	0.29	23	0.35	14	0.27	18	0.31	18	0.24	16
宮崎	0.04	40	0.15	34	0.29	23	0.30	25	0.22	33	0.24	33	0.16	39
鹿児島	0.03	45	0.10	45	0.21	42	0.19	45	0.16	45	0.18	45	0.14	44
沖縄					0.30	20	0.35	15	0.24	27	0.27	26	0.21	25
全　国	0.09		0.27		0.38		0.38		0.31		0.32		0.24	

資料⑤-2　60年代からの読者数の推移　(各党大会時の有権者比で)

県名	日刊紙(有権者比)														日曜版(有権者比)													
	60年代				70年代		80年代		90年代		2000年代		2010年代		60年代				70年代		80年代		90年代		2000年代		2010年代	
	8大会 61/7		11大会 70/7		15大会 80/2		19大会 90/7		22大会 00/11		25大会 10/1		26大会 14/1		8大会 61/7		11大会 70/7		15大会 80/2		19大会 90/7		22大会 00/11		25大会 10/1		26大会 14/1	
	率	順	率	順	率	順	率	順	率	順	率	順	率	順	率	順	率	順	率	順	率	順	率	順	率	順	率	順
北海道	0.18	12	0.73	6	1.28	5	0.83	6	0.47	6	0.33	7	0.28	9	0.39	16	2.50	7	4.83	7	3.71	6	2.19	7	1.56	7	1.34	6
青森	0.11	34	0.33	29	0.53	33	0.42	30	0.25	30	0.19	31	0.16	29	0.24	34	1.45	21	2.50	31	2.21	29	1.32	32	1.05	25	0.93	24
秋田	0.13	24	0.43	17	0.70	21	0.52	19	0.29	21	0.20	24	0.18	22	0.32	25	1.86	12	3.82	10	3.00	10	1.88	13	1.29	14	1.13	13
岩手	0.22	9	0.66	9	0.80	16	0.53	16	0.34	12	0.27	11	0.26	11	0.48	8	2.31	8	2.93	23	2.38	18	1.73	18	1.43	10	1.33	7
宮城	0.16	18	0.57	10	0.80	16	0.45	25	0.28	22	0.20	21	0.18	25	0.34	23	1.74	15	3.24	19	2.43	16	1.45	25	1.09	23	0.94	23
山形	0.12	28	0.36	23	0.46	39	0.36	36	0.27	24	0.21	18	0.20	15	0.34	24	1.60	18	2.75	26	2.39	17	1.80	16	1.41	11	1.23	11
福島	0.14	21	0.35	25	0.56	31	0.41	32	0.26	29	0.20	23	0.18	21	0.35	20	1.28	24	2.65	30	2.23	27	1.56	21	1.28	15	1.15	12
東京	0.44	1	1.08	2	1.44	4	0.91	3	0.57	2	0.38	2	0.32	3	0.83	2	3.06	5	4.84	6	3.24	7	2.00	9	1.27	17	1.06	17
埼玉	0.13	22	0.53	12	0.96	9	0.73	8	0.43	9	0.31	10	0.26	10	0.26	29	1.75	14	3.25	18	2.87	12	1.79	17	1.25	18	1.06	16
茨城	0.13	23	0.26	38	0.36	45	0.30	44	0.18	42	0.14	42	0.12	42	0.29	26	0.82	45	1.49	46	1.45	46	0.86	46	0.67	45	0.58	45
栃木	0.06	45	0.26	38	0.31	47	0.22	47	0.14	47	0.10	47	0.08	47	0.13	44	0.98	41	1.49	46	1.16	47	0.85	47	0.55	46	0.48	47
群馬	0.20	11	0.43	17	0.66	23	0.46	23	0.26	28	0.20	25	0.17	27	0.47	10	1.99	11	3.26	16	2.33	19	1.52	24	1.15	22	0.97	22
神奈川	0.24	7	0.72	8	0.81	15	0.53	16	0.30	20	0.21	17	0.19	16	0.47	11	2.19	9	3.06	22	1.90	35	1.12	42	0.78	43	0.67	42
千葉	0.11	33	0.41	20	0.62	25	0.44	26	0.28	23	0.21	20	0.19	17	0.22	39	1.10	34	2.42	35	1.68	41	1.11	43	0.82	41	0.73	40
山梨	0.12	30	0.31	32	0.64	24	0.43	28	0.26	26	0.19	28	0.18	24	0.26	30	1.50	20	2.80	24	2.45	15	1.84	15	1.30	12	1.08	15
長野	0.27	4	0.87	4	1.66	2	0.87	4	0.47	5	0.36	4	0.35	2	0.87	1	4.15	2	7.34	2	4.47	2	2.82	2	2.13	2	1.94	1
新潟	0.22	10	0.44	15	0.59	28	0.48	22	0.31	18	0.22	15	0.19	18	0.48	9	1.81	13	3.34	14	2.75	14	1.94	11	1.53	9	1.26	9
石川	0.13	25	0.34	26	0.50	36	0.32	42	0.21	37	0.19	26	0.18	26	0.40	14	1.02	36	2.36	37	1.75	38	1.16	39	0.98	31	0.89	26
富山	0.13	26	0.26	38	0.61	27	0.42	30	0.26	25	0.18	32	0.16	32	0.36	19	1.27	25	3.80	11	2.26	22	1.56	20	1.16	21	0.98	21
福井	0.10	35	0.23	43	0.50	36	0.32	42	0.20	38	0.15	37	0.13	37	0.22	38	1.14	31	2.33	38	2.12	30	1.35	31	1.03	28	0.90	25
静岡	0.12	29	0.38	22	0.55	32	0.34	38	0.22	34	0.16	35	0.14	35	0.24	35	1.25	26	2.47	32	1.81	37	1.26	33	0.89	36	0.78	34
愛知	0.18	13	0.43	17	0.67	22	0.52	19	0.31	16	0.21	16	0.18	19	0.44	13	1.23	27	2.73	28	2.09	32	1.38	28	0.90	35	0.73	39
岐阜	0.11	31	0.27	37	0.53	33	0.41	32	0.26	27	0.19	29	0.17	28	0.28	27	0.91	42	2.43	34	2.10	31	1.37	29	0.95	33	0.79	33
三重	0.09	37	0.29	33	0.48	38	0.37	35	0.25	32	0.17	33	0.15	33	0.20	41	1.02	36	2.42	35	1.92	34	1.41	26	0.97	32	0.83	32
大阪	0.30	3	0.81	5	1.52	3	1.00	2	0.56	3	0.37	3	0.31	4	0.58	6	2.72	6	5.12	3	3.80	4	2.26	5	1.53	8	1.25	10
兵庫	0.23	8	0.49	14	0.93	10	0.56	13	0.34	13	0.24	13	0.21	13	0.54	7	1.45	21	3.10	21	2.33	19	1.53	22	1.03	27	0.86	28
京都	0.42	2	1.81	1	2.77	1	1.66	1	0.90	1	0.63	1	0.55	1	0.80	3	5.15	1	8.68	1	5.70	1	3.13	1	2.17	1	1.82	2
滋賀	0.08	39	0.40	21	0.80	16	0.74	7	0.45	7	0.34	6	0.29	7	0.25	32	1.51	19	3.65	13	3.07	8	2.16	8	1.58	6	1.32	8
奈良	0.08	42	0.33	29	0.62	25	0.67	11	0.38	10	0.32	9	0.28	8	0.13	45	0.85	44	2.14	40	2.28	21	1.52	23	1.19	20	1.04	18
和歌山	0.16	17	0.56	11	1.14	7	0.85	5	0.49	4	0.35	5	0.31	5	0.39	15	2.15	10	4.92	4	3.93	3	2.42	4	1.79	4	1.52	4
岡山	0.17	14	0.32	31	0.80	16	0.57	12	0.31	17	0.21	19	0.18	20	0.46	12	1.02	36	3.87	9	3.03	9	1.90	12	1.23	19	1.03	20
広島	0.16	16	0.34	26	0.59	28	0.44	26	0.22	35	0.14	38	0.13	40	0.37	17	1.17	29	2.45	33	1.96	33	1.15	41	0.73	44	0.61	43
山口	0.12	27	0.28	36	0.58	30	0.54	14	0.31	19	0.19	27	0.16	30	0.28	28	1.00	40	2.80	24	2.87	12	1.85	14	1.27	16	1.04	19
鳥取	0.14	20	0.52	13	0.89	13	0.53	16	0.32	14	0.20	22	0.18	23	0.37	18	1.66	17	3.14	20	2.26	22	1.99	10	1.29	13	1.12	14
島根	0.10	36	0.44	15	1.01	8	0.68	10	0.37	11	0.26	12	0.24	12	0.23	37	1.68	16	3.96	8	2.96	11	2.49	3	2.01	3	1.76	3
香川	0.09	38	0.34	26	0.87	14	0.50	21	0.25	31	0.19	29	0.16	31	0.25	33	1.12	32	3.26	16	2.25	24	1.36	30	1.03	26	0.85	30
愛媛	0.15	19	0.29	33	0.39	44	0.39	34	0.21	36	0.16	36	0.13	38	0.35	21	1.12	32	1.79	44	1.59	43	1.17	38	0.79	42	0.60	44
徳島	0.08	41	0.21	44	0.42	42	0.34	38	0.22	33	0.16	34	0.15	34	0.26	31	1.22	28	2.66	29	2.23	27	1.38	27	0.99	30	0.83	31
高知	0.26	5	0.73	6	1.20	6	0.70	9	0.45	8	0.33	7	0.30	6	0.62	4	3.15	4	4.91	5	3.73	5	2.23	6	1.61	5	1.40	5
福岡	0.25	6	0.96	3	0.91	11	0.54	14	0.32	15	0.23	14	0.20	14	0.61	5	3.19	3	3.73	12	2.25	24	1.58	19	1.06	24	0.89	27
佐賀	0.17	15	0.36	23	0.46	39	0.35	37	0.18	43	0.14	40	0.12	43	0.34	22	1.34	23	2.00	42	1.72	39	1.18	36	0.85	38	0.72	41
長崎	0.08	43	0.20	45	0.52	35	0.33	40	0.18	45	0.13	44	0.12	44	0.20	40	0.89	43	2.17	39	1.69	40	1.15	40	0.84	39	0.77	35
熊本	0.08	40	0.29	33	0.45	41	0.30	44	0.18	44	0.14	39	0.13	39	0.19	42	1.02	36	2.01	41	1.51	45	1.04	45	0.83	40	0.73	38
大分	0.11	32	0.26	38	0.75	20	0.43	28	0.19	40	0.14	41	0.12	41	0.24	36	1.17	29	2.74	27	2.25	24	1.25	34	0.99	29	0.85	29
宮崎	0.07	44	0.24	42	0.91	11	0.46	23	0.19	39	0.13	43	0.13	36	0.18	43	1.06	35	3.28	15	1.89	36	1.17	37	0.88	37	0.76	36
鹿児島	0.05	46	0.17	46	0.33	46	0.26	46	0.16	46	0.11	45	0.10	46	0.12	46	0.60	46	1.74	45	1.53	44	1.22	35	0.92	34	0.75	37
沖縄					0.42	42	0.33	40	0.19	41	0.11	46	0.10	45					1.82	43	1.66	42	1.05	44	0.55	47	0.48	46
全国	0.20		0.59		0.91		0.61		0.36		0.25		0.22		0.44		1.95		3.51		2.58		1.64		1.15		0.97	

浜野忠夫（はまの　ただお）
1932年京都市生まれ
日本共産党幹部会副委員長
著書『党建設論の今日的展開』（1996年、新日本出版社）
『国民に開かれた党へ――日本共産党新規約のはなし――』（2001年、新日本出版社）
『時代を開く党づくり――党建設の歴史・教訓をふまえて――』（2008年、新日本出版社）

民主連合政府《みんしゅれんごうせいふ》をめざして――党《とう》づくりの志《こころざし》と構《かま》え

2015年１月30日　初　版
2015年２月10日　第２刷

著　者　浜　野　忠　夫
発行者　田　所　　稔

郵便番号　151-0051　東京都渋谷区千駄ヶ谷４－25－６
発　行　所　株式会社　新　日　本　出　版　社
電話　03（3423）8402（営業）
03（3423）9323（編集）
info@shinnihon-net.co.jp
www.shinnihon-net.co.jp
振替番号　00130-0-13681
印刷・製本　光陽メディア

ISBN978-4-406-05844-5　C0031　Printed in Japan